カーネル・サンダース

65歳から世界的企業を興した伝説の男

藤本隆一
Fujimoto Ryuichi

目次

写真提供：大河原毅

プロローグ

伝説の男

「白い上下のスーツにステッキ姿。温和な笑顔を浮かべながらお店の前に立っている一八〇cmの等身大の人形」といえば、誰もがケンタッキー・フライド・チキンの店の前に置いてある人形のことを思い浮かべることだろう。

そして、その人形のモデルがケンタッキー・フライド・チキンの創始者「カーネル・サンダース」という名前であることも多くの人が知っている。

だが、カーネル・サンダース（正確にはカーネル・ハーランド・サンダース）が、「ファーストフードレストランの生みの親」と言われていること、ケンタッキー・フライド・チキンを始めるまでの彼の人生、そして彼の笑顔が世界中の人に知られるようになるまでの経緯を知っている人は、意外と少ないようである。

六五歳からの再出発

「まだ、自分にやり直す時間は残っているのだろうか……」。一九五〇年代初め、アメリカのケンタッキー州南部にあるコービンという小さな町でのこと。すでに髪の毛はもちろん、あごに生えている立派なひげまで真っ白になった、年齢も六〇歳をとうに過ぎているその老人は、自分が住んでいる町、コービンの郊外に新しく建設されているハイウェイを見つめながら、そうつぶやいた。

一九五〇年代のアメリカというと、「アメリカが最も華やかだった」といわれている時代である。長く人々の暮らしを重苦しいものにしていた第二次世界大戦がようやく終わり、それまでの分まで取り戻すかのように、全米中が活気に満ち溢れていた。老人とは対照的に、人々は、アメリカと自分たちの将来に大きな希望と期待を抱いていたのである。

そんな時代を象徴するかのように、一九五〇年代初頭から、当時のアメリカ合衆国大統領アイゼンハワーは、国中の道路を近代化する計画を進めていた。全米中の道路が整備されつつあり、また、いたるところで新たなハイウェイが続々と作られていたのだ。

この物語の舞台となるケンタッキー州も例外ではなく、それまで州を横断していた国道二五号線に代わる新しいハイウェイ、国道七五号線が建設されていた。

新しく建設されているハイウェイは、州の住民をはじめ、ケンタッキー州を訪れたり、通過する旅行者たちにおおいに歓迎されるものだった。

ただし、老人に限らず、コービンの住民にとって新しいハイウェイの建設は、必ずしも歓迎できるものではなかった。ハイウェイはコービンの町から西に一一キロメートル離れた場所に建設されており、完成すれば、それまでコービンの町中を横断していた国道二五号線は旧道になってしまうのだ。当然、人々は旧道よりもハイウェイを利用するようになり、コービンに立ち寄る旅行者の数が大幅に減ることは明らかだったのだ。

コービンの町は何もない小さな田舎町であった。だが、町にはそこを分岐点として東と西へ伸びる国道二五号線がはしっており、交通の要所として賑わいをみせていた。他の州からケンタッキー州を訪れたり、ケンタッキー州を通り抜けて反対側の州に行く旅行者が、食事や休憩をとったり、宿泊するのに都合のいい場所に町は位置していたのだ。

国道二五号線沿いには、ガソリンスタンドやレストラン、それにホテルやモーテルなどが何軒も営業していた。それらの店は旅行者を相手に商売しており、収入のほとんどを旅行者に頼っていたのだ。

国道二五号線沿いにあるレストランのひとつに、その場所で二五年間商売を続けている『サンダース・カフェ』という店があった。この物語の主人公であり、冒頭に紹介した白髪、白髭の老人は、名前をカーネル・サンダースといい、サンダース・カフェの主人だったのである。

サンダース・カフェの二五年間の道のりは、決して平たんなものではなかった。また、サンダース・カフェを始める以前を含めて、カーネルの人生も起伏にとんだものだった。ただし、カーネルが、彼の人生にふりかかってきた数々の逆境を乗り越え、そして彼の絶え間ない努力のおかげで、サンダース・カフェは繁盛していた。そしてカーネルも人生の実りの時を楽しんでいるかのように見えた。それまで彼は「自分の人生はこのままハッピーエンドで終わる」と信じていたのだった。

ところが、新しいハイウェイが作られたことで、状況は一変してしまった。サンダース・カフェに立ち寄る旅行者の数は激減し、結果的にカーネルは七万五〇〇〇ドルで店を手放している。税金と未払いの代金等を支払うと、彼の手元にほとんどお金は残らなかった。この時、彼は六六歳になろうとしていた。

六〇歳を過ぎて、ほとんどすべてを失ってしまったカーネル・サンダース、彼に残された選択は……年金をもらい細々と生活することだけのようにみえた。そしてその選択に彼が従い、静かに「余生」を送ったとしても、咎める人は誰もいないはずである。

しかし、時代はまだ彼を必要としていたようである。正確には、時代はこれから彼に、彼の人生における最大の役目を託そうとしていた。ハイウェイが建設され、彼がレストランを手放すことになったのは、あたかも時代が、これから起こる出来事をカーネルに託すことができるかどうかを試した、彼に対する試練であったかのように思える。

カーネルの思惑に反し、彼はまだ休むことが許されなかった。日本の年金にあたる、ソーシャル・セキュリティ・チェックの毎月の支給額がわずか一〇五ドルと知ったとき、カーネルは愕然となった。そして彼は「まだ自分に残されている選択が他にはないか」と探し始めたのであった。

六五歳を過ぎた彼に残されたものは、中古のフォード社製の車、そしてサンダース・カフェで最も人気のあった、彼が独自に考えだした「七つの島からとれた一一種類のハーブとスパイス」を使い、圧力釜で作るフライドチキンの作り方だけだった。

数日間考えた末、カーネルが思いついたことは、自分が完成させた「オリジナル・

レシピ、フライドチキン」を他のレストランに紹介して、気に入ってくれて、店のメニューに加えることを希望したら、作り方を伝授し、その代わりにフライドチキンが売れた分だけ一ピースにつき数セントのロイヤリティをもらうという契約を結ぶことだった。

知り合いのレストランを訪ねてまわるわけではなかった。みず知らずのレストランの従業員用のドアをノックしてまわらなければならなかった。

自分のフライドチキンの調理法を気に入ってくれるかどうかの前に、まず話を聞いてもらうことができるかが問題だった。

また、ロイヤリティの話を簡単に承諾してくれるとは思えなかった。フライドチキンそのものはどこにでもある料理だったし、当時はまだフランチャイズの概念が、人々に浸透していなかったからだ。

わずかに残っている資金が、いつまで持つかわからなかった。

そして、六五歳という年齢の自分が、肉体的にも、精神的にもいつまで頑張れるか疑問だった。

それでもカーネルはレストランを訪ね歩く旅に出る決心をした。それ以外に自分に残されている選択が考えられなかったのだ。「私に『引退』という言葉はいらない。たとえどんな困難が待っていようとも、私はあきらめない。今までがそうであったように、これからも何回でも立ち上がる。命ある限り私は働き続ける」と彼は自分自身に誓ったのであった。

「さて、もう一度最初からやり直すか」。六五歳のカーネル・サンダースは、中古のフォードにハーブとスパイスを詰めたビン、それに圧力釜を詰め込み、どこへ向かうともなくコービンの町を後にしたのである。

旅の途中、カーネル・サンダースは車の中で寝泊りを繰り返したという。食べるものは見本で作ったフライドチキンだけだった日も珍しくなかったという。

こうして彼が一〇〇〇軒を超えるレストランを訪ねてまわり、ケンタッキー・フライド・チキンを広めていったことは、今でも伝説として語られている。

六五歳の老人が伝説を作り始めてから、四〇年の月日が流れた一九九六年。ケンタッキー・フライド・チキンは、世界約八〇カ国に一万軒近い店舗数を構えるまでに成長した。年間に使われているチキンを並べると、二八万四〇〇〇マイルにもなる。これは地球を一一周もする距離である。

すべては一〇五ドルの年金を手にした六五歳の老人から始まったのだ。

さて、これから私たちに大きな夢と希望と、そしておいしいフライドチキンを与えてくれたカーネル・サンダースの物語に分け入ってみよう。

第1章

転職を繰り返す半生

幼い頃の体験

カーネル・ハーランド・サンダースは、一八九〇年九月九日、アメリカ北央部に位置するインディアナ州の南部にある、ヘンリービルという町に三人きょうだいの長男として生まれた。

一八九〇年頃というと、アメリカでは白人が北米大陸の未開地を開拓するため、西部方面への進出を繰り返しており、居住区域を次々と失っていた原住民のインディアンが最後の抵抗をしていた、そんな時代である。

カーネルが生まれたヘンリービルという町は、北米最大の大河、ミシシッピー川の支流、オハイオ川を隔てて、現在ケンタッキー・フライド・チキンの本部があるケンタッキー州ルイビルと隣り合った場所に位置している。

「カーネル」という名前は、ケンタッキー州より彼の功績を称えられ、後に与えられた名誉称号で、彼の名前はこの時点ではまだハーランド・サンダースである。だが、わかりやすくするためにカーネルという名前を最初から使うことにしよう。

カーネルの父親に関してわかっていることは、カーネルが生まれたときは農場で働いていたが、まもなくして足にけがをし、肉屋を始めていることくらいだ。ただし父親がどんな人物で何をしていたのかは、カーネルの人生を語る上であまり重要なことではない。なぜならば、父親はカーネルが六歳の時に他界しているからだ。カーネルの妹が生まれる二カ月前のことである。

カーネルは父親が生きていた当時のことをほとんど覚えていない。大人になっても記憶していたことといえば、「子供の頃はレバーが大好物で、誰かがレバーを買いにくると、全部買っていってしまうのではないかと泣きだしてしまった」ことくらいだという。

「カーネルは幼いときに父親を失ってしまっている」というのは、悲しいことに変わりはないが、後に彼が成功するためには、なくてはならない出来事だったといえるかもしれない。幼い三人の子供を残して死んでいった父親は、さぞかし心残りだったろうし、残された家族も働き手を失い、強い悲しみと不安に襲われたであろうが、もしカーネルが幼くして父親を失っていなかったとしたら、彼の人生がまったく違ったものになっていた可能性はおおいにある。

悲しい言い方だが、父親がカーネルに残すことができた最大のものは、自分の早すぎる死だったといえるのではないだろうか。

父親の死後、母親はカーネルと二歳年下の弟のクラレンス、それに六歳年下でまだ赤ん坊だった妹のキャサリンの三人の子供を一人で養っていかなければならなくなったわけである。そのため、彼女は近所の人たちから注文をもらい、ドレスや洋服を作り始めている。しかし、仕事の依頼は途切れがちだった。ヘンリービルは農業中心で豊かとはいえない町だった。

カーネルの自伝によると「ヘンリービルに住む男たちは、自分の結婚式の時に初めてスーツを着て、そのスーツを再び着ることになるのは、自分の葬式の時に着せてもらうだけ」だったらしい。

洋服作りだけでは暮らしていけなくなった母親は、まもなくしてヘンリービルの町中にある缶詰工場に働きに出て、トマトの皮むきの仕事をするようになっている。今でもそうだろうが、当時、女手一つで三人の子供を養うというのは、想像以上に大変なことだったに違いない。家族を養うために、二、三日続けて泊まり込みで働かなければならないことも、たびたびあったらしい。そんなときはカーネルに、幼い弟と妹を託すしかなかった。彼は六歳の頃から、働きに出ている母親の代わりに家事を手伝い、弟と妹のめんどうをみるようになっている。

自分がいつもそばにいることができない母親は、子供たちに嘘をつかず、ごまかさず、他の人にやさしくするように厳しく躾けた。「立派な大人になりなさい。大人になってもお酒や煙草はダメ。賭け事も絶対しないこと」とカーネルに繰り返し教えた。母親の言いつけを守ったのか、カーネルは酒や煙草に終生手を出していない。厳しい反面、自分を信頼してくれていた母親の期待に応えようとしたのかもしれない。カーネルが母親の教えや育て方に感謝していたのは、言うまでもないことだろう。

カーネルは六歳という年齢にもかかわらず、すでにこのころから弟と妹のために料理も作り始めている。実はこのことが、後にカーネルが、世界中のケンタッキー・フライド・チキンで売られることになる、イレブンスパイス・フライドチキンを発明するにあたり、大きな影響を及ぼすことになるのである。まず彼はこの時に「自分は料理をするのが好きなんだ」とはじめて気がついたという。またこの頃カーネルは母親から、どの肉と野菜が合うかなど、料理の方法や味つけのコツなどを教わっている。

晩年のインタビューでカーネルは「おいしい食べ物というのは人から人へ受け継がれる文化の一つだ。それは自分の母親や父親よりも、もっと以前から受け継がれてきているものだ。それは自分が育った場所の文化であり、人の歴史なのだ」と言っている。彼の料理の基本は幼いときに母親に教わり、受け継いだものだったのだ。

七歳の夏にカーネルは、その後の人生に大きな影響を及ぼす体験をしている。その日も母親は泊まり込みで働きに出ていて、家にはカーネルと弟たちだけだった。お腹が空いたカーネルは初めて自分一人でライ麦パンを焼いたのだ。母親の料理をよく手伝っていたので、作り方はだいたいわかっていた。ところができあがったパンが自分でも驚くほど見事なできばえだったので、カーネルは母親にどうしても見せたくなった。そこで弟と交替で、まだ赤ん坊だった妹を抱きながら、母親の働く工場にそのパンを持っていったのだった。

母親はまだ七歳にしかならない息子が焼いたパンのできばえに驚き、職場の同僚にも分けて配った。大人たちはカーネルの腕前を絶賛し、褒めた。あまりにも周りの人が騒いだので、カーネルは照れ臭くなり、「もうパンを焼くのはやめよう」とこの時は思ったそうである。

「幼いときから弟や妹のために、料理を作らなければならなかった」という環境で育ったことが、カーネルの料理の腕を磨いたといえるだろうが、もともと彼自身にも料理の才能があったのだろう。

母親や大人たちが認めてくれたのがよほど嬉しかったとみえて、カーネルは機会があるごとに、この出来事をインタビューで語っている。このとき彼はもてなすことの喜びを知り、深く心に刻みつけたのである。

はじめての仕事

一〇歳になるとカーネルは、小学校に通いながら近所の農場で働き始めている。農場主はカーネルの家が楽ではないことを知っていて、まだ半人前にもならないカーネルを、一カ月食事つきで二ドルで雇ってくれたのだ。

彼に与えられた仕事は、荒地を耕し畑にすることだった。与えられた仕事は嫌いではなかったが、そこはまだ一〇歳の子供である。カーネルは仕事よりも、周りにいたりすやうさぎなどの小動物と遊んだり、鳥や蝶などを眺めていることに夢中になってしまった。

「たぶんのんびりやりすぎたのだろう」とカーネルは、自分があまり仕事をしなかったことを自伝の中で認めている。仕事があまりにもはかどらないのを見かねて、農場主は一カ月で彼をクビにしている。成功者の子供の頃にふさわしく「幼い頃から一所懸命働いた」と紹介したかったのだが、これがカーネル・サンダースのはじめての仕事の結末である。

最初の仕事が自分のせいでクビになったことは、カーネルにとっていつまでたっても忘れることのできない苦い思い出となったが、同時にこの出来事は彼にとってかけがえのない教訓となったのである。

カーネルは、母親がお金に困っていることを知っていたので、稼いだお金を母親に渡すつもりだった。だから母親に、クビになりお金をもらえなかったことを告げるのがとてもつらかったのだ。彼は母親に話をしたときのことを、いくつになっても鮮明に覚えていた。「泣きながら帰ったと思う」とカーネルは思い出す。家に着いてもすぐに入ることができず、家の周りをしばらくうろうろしたという。ようやく家の中に入ると、母親は疲れた顔をしてキッチンのテーブルの所にいた。

「どうしたの。今日は帰りが早いじゃない」と母親。

「ノリスさんから、仕事が遅いからもう帰っていいって言われたんだ」とカーネルは恐る恐る仕事をクビになったことを告げた。

この時カーネルは母親の悲しそうな顔を見て、せっかく与えられた仕事をいい加減にしたことを心の底から後悔し、「もう二度と中途半端な仕事をするのはやめよう」と心に誓ったという。また「何かいいことをして成功したい」という気持ちにも、この時はじめてなったそうである。

カーネルにとって最大の喜びは、母親に喜んでもらうことであり、最大の悲しみは母親の期待を裏切ることだった。そして年を重ねていくに従い、その対象は母親から「多くの人を喜ばせたい」へと変わっていったのである。

名誉挽回のチャンスは次の夏にやってきた。別の農場で手伝いをすることになったのだ。今度の仕事は牛や馬の世話で、一カ月働いて食事つきで四ドルもらえることになった。仕事は山のようにあり、今度はカーネルも、休むことなく朝から陽が暮れるまで一所懸命働いた。

おかげで毎日クタクタになりはしたが、カーネルは、まだ一一歳の自分が大人の中に入って、一緒に仕事をしていることが誇らしく思えた。この時の体験から、カーネルは一所懸命働くことを知り、それが気持ちのいいことだと学んだのである。

カーネルは生れ故郷のヘンリービルのことを「埃っぽいだけの何もない田舎町だった」と言っている。だが、「田舎町で生まれ育ったからこそいろいろ貴重な体験ができ、多くのことを学べた」とも言い、そのことに感謝している。

「ヘンリービルのような小さな町は、子供が育つのには最適だ。子供がのびのび育つし、手を汚して働くことを覚える」と彼は言っている。カーネルは「自分の手を汚して働くことが大事」ということとその喜びを、この地で体で覚えたのだ。

八〇歳を超え、すでに成功を収め、ミリオナーになった後でも、カーネルは世界中のケンタッキー・フライド・チキンをまわり、自分から進んでキッチンに入り、小麦粉にまみれながらフライドチキンの作り方を教えている。

学歴は小学卒

カーネルが一二歳のとき、母親が再婚している。そして再婚後、一家は同じインディアナ州のグリーンウッドという町に移り住んでいる。

母親は子供たちに余裕のある暮らしをさせるために、再婚の申し込みを受け入れたのだ。だが、カーネルにとって家族の中に義父が加わることは、喜ばしいことにはならなかった。義父は一二歳のカーネルに働くことを強いたのだ。カーネルは夜明け前に起きて鶏や牛に餌や水を与え、それから学校に行き、帰ってきたらすぐにまた家畜の世話をすることを義務づけられた。毎日寝る寸前まで働かなければならなかった。

学校のない週末は、夜中に起きてインディアナポリスのマーケットにいくように言われていた。それでも義父はカーネルが自分の言った通りにやらないとたびたび怒った。

義父との仲は、日を追うごとに悪くなっていった。まもなくしてカーネルは、家を出ることを決心する。二人の仲が段々と険悪になっていることに気づいていた母親には、カーネルを引き止めることはできなかった。彼女にできることは、家に一つしかないスーツケースにカーネルの服を入れて持たせてやることだけだった。彼女は黙ってスーツケースを渡してやり、カーネルが出ていくのを見送った。カーネルは家の門を離れると、一度も振り向こうとしなかった。彼は母親が泣いているのがわかっていたし、自分も泣いていたからだ。

同じ時期にカーネルは、入ったばかりの中学校を辞めてしまっている。理由は、入学してすぐに始まった代数の計算方法が、どうしても納得できなかったからだ。

「先生は『Xは不確定の数字である』とだけ繰り返し教えていました。でも私は、その不確かな数字をどうしても知りたかったのです」。カーネルは子供の頃から、物事をあいまいなままにしておくことが我慢できない性格だったらしい。

「私は、このことを理解するために学校で時間を費やさなければならないのならば、時間の無駄になると考え、学校を辞めようと決心しました」。「不確定の数字は、私にとって不確定のままでもかまわない」とカーネルは思ったという。

しかし、学校を辞めた本当の理由は別にあったのかもしれない。カーネルは自分の人生を語るとき、常にユーモアを交えて話しているので、入ってすぐに中学校を辞めた理由も、数学の授業に納得がいかなかったせいにした可能性がある。本当は家を出ることになり、その時点で学校に行くことをあきらめたと推察するほうが自然だろう。

いずれにしても、カーネルの学歴は小学校で終わった。だが彼がこれで学ぶことをやめたわけではなかった。中学校を退学した後も、たびたび通信講座などで知識を身につける努力をおこたらず、生涯、独立独歩で学び続けたのだ。カーネルはそのことを誇りにしていたという。晩年になり、カーネルはリンカーン・メモリアル大学をはじめ、五つの大学より名誉学位を与えられている。

家を出たカーネルは、生れ故郷のヘンリービルに戻り、農場の手伝いをしながら数年間過ごしている。

嘘をつくことは割りに合わない

一九〇六年、キューバでは政情不安からたびたび暴動が発生しており、当時のアメリカ大統領、セオドア・ルーズベルトは、鎮圧のためにアメリカの軍隊を派遣していた。多くの男性が少年時代そうであったように、カーネルもまた軍隊に憧れた。彼はまだ軍隊に入隊できる年齢ではなかったが、町で行なわれているリクルートの話を聞きに行っている。

「リクルートの人はとても口が流暢だったし、私はカントリーボーイだった」とカーネルはその時のことを思い出す。

カーネルは話を聞いているうちに、軍隊に入隊することがすごく魅力的な冒険に思えてきた。リクルートの人もカーネルに入隊をしきりに勧めた。

「だけど、ぼくはまだ一六歳だよ」とカーネル。

相手は驚いたが「それなら二一歳ということにしよう。君は体格がいいから誰も疑わないはずだ」とそれでも入隊を勧める。カーネルはこの時すでに大人なみの体格だったのだ。カーネルが大柄だったのは、母親譲りだという。

カーネルは相手の言うことに従い、自分の年齢を偽って入隊することに成功した。しかし、このことによりカーネルは「嘘をつくことは割りに合わない」ということを思い知らされることになる。

カーネルたちが乗ったキューバに向かう船には、一五〇〇匹のラバが一緒に乗せられており、カーネルはラバの世話を任命された。カーネルは、海を見たのも船に乗ったのも初めてだったので、ラバの悪臭と船酔いで瀕死の状態になってしまった。

カーネルはどれくらい船に乗っていたのか覚えていないという。彼が覚えていたのは、船ではほとんど手摺りにしがみついたままだったことと、キューバに着いたときには体重が一〇キロ以上も減っていたということだ（ラバはアメリカの俗語で「まぬけ」という意味でもある）。

結局、カーネルが従軍したときの暴動の情報はデマで、実際には何も起こっていなかった。これ幸いとカーネルは二カ月あまりで除隊して、アメリカに戻っている。

青春の思い出の日々

除隊してアメリカに帰ってきたカーネルは、その後すぐに、母親の妹にあたる伯母がいるアラバマ州のシーフィールドという町に向かっている。母親からの手紙で、伯母の夫がサザン鉄道で機関士をしていること、鉄道関係の仕事がこれから伸びていく職業であることを知り、もしかしたら伯父さんが、鉄道関係の仕事を何か紹介してくれるかもしれないと手紙に書いていたからだ。

期待どおり伯父はカーネルに仕事を紹介してくれた。最初は機関車の部品を作るかじ屋の助手の仕事だったが、ほどなくして機関車に石炭を運び入れたり、釜にたまる灰を掃除する仕事に昇格している。カーネルのがっしりとした体格が見込まれたのだ。さらに、釜の掃除をしていたカーネルは、しばらくして今度は自分で釜を炊くようになっている。

釜炊きの仕事は、動いている機関車に乗員して仕事をする。カーネルにはこのことが、この上なく嬉しかった。力強く走る機関車が、自分のことのように思えた。また町を走り抜けると、人々が手を振ってくれ、優越感にも浸れた。自分が世界の頂点に立っているように感じられたのだった。

釜炊きの仕事は、偶然カーネルにもたらされたのではない。カーネルは機関車に乗って仕事をすることを夢見ていた。だから釜の掃除をしながら、釜炊きの知識を吸収していたのだ。カーネルだけでなく、当時の若者の九割は機関士になることに憧れていたという。

チャンスは釜を炊く人が遅刻したときにめぐってきた。カーネルは代わりの釜炊きを自分から申し出て、臨時の釜炊きとして機関車に乗ることを許されたのだ。この時の仕事ぶりが、はじめて釜を炊くとは思えないほどだったので、カーネルはその後も釜炊きを任されるようになったのである。

以後数年間、カーネルはサザン鉄道で働いているが、その間に機関車修理工、ボイラー係、機関助手、保線区員など順調に「出世」している。

しかし、カーネルは二〇歳になる直前にサザン鉄道をクビになってしまっている。

当時サザン鉄道は、労働条件や保障をめぐって経営者と組合の間でもめていた。そんな状況の中でカーネルは、組合から苦情処理委員を任されていた。「中途半端な仕事はしない」と誓ったカーネルである。彼は積極的に病気や怪我をした人たちに代わって会社と交渉をもち、だんだんと会社にとって煙たい存在になっていったのである。

その日カーネルは体調が思わしくなかった。吐き気がして立っているのがやっとだった。それでもカーネルは、自分の乗車当番の日だったので、無理を押して機関車に乗った。見兼ねた同僚が代わりに釜炊きをしてくれるというので、カーネルは機関車内に横たわり、目的地に着くまで横にならせてもらうことにした。おかげで目的地のベアクリークに到着したときには、だいぶ気分がよくなってきていた。

だが、たまたまベアクリーク駅にいた乗務主任に、機関車の中で寝ているのを見つかってしまったのだ。

「そこで何をやっているんだ。サンダース」。

乗務主任と顔が合った時点で、カーネルはすでに手遅れであることがわかっていた。組合の活動で、自分が会社から要注意人物としてマークされていることを知っていたのだ。いくら弁解しても無駄なことだった。予想通り、カーネルは職務不履行で即刻解雇されている。

最終的にはクビになってしまったが、いいこと、悪いことを含めてサザン鉄道で過ごした数年間は、カーネルにとって忘れられない青春の思い出の日々だった。

晩年、カーネルはそれまでの功績を称えられて、数えきれないほど表彰されている。その中の一つで、ワシントンD・Cで催された表彰会での話。会場にサザン鉄道の社長が出席していたので、カーネルは「私をクビにしなかったら、サザン鉄道は少なくとも今の倍の大きさの会社になっていたはずだ。でも、クビにしてくれてどうもありがとう。クビになっていなかったら、あのまま働いていて、ケンタッキー・フライド・チキンで成功できなかったかもしれない」と彼一流の毒舌で挨拶した後に、「もし、もう一度機関車の仕事をさせてくれたら、全財産を失ってもいい」と頼んでいる。

カーネルの願いは叶えられ、彼がはじめて鉄道の仕事についたアラバマ州のシーフィールドで、カーネルは約七〇年ぶりにバンダナ、帽子、グローブをつけてスコップを握っている。

結婚

話を進めていく上で忘れてはならないのが、カーネルがサザン鉄道で仕事をしていたこの時期に、最初の妻のジョセフィンと絵の展覧会で出会い、結婚していることだ。結婚後はアラバマ州のツスコンビアという町に移り住んでいる。

カーネルは特に絵に興味を持っていたわけではなかったが、機関車の仕事でよその町に行ったときに、次の乗車までやることがなく、時間つぶしにたまたまやっていた絵の展覧会に入り、そこでジョセフィンと出会ったのだ。

サザン鉄道を解雇されたときには、二人目の子供、一人息子のハーランドが生まれる直前であったという。

サザン鉄道を解雇された後、カーネルは家族と別居している。正確にはジョセフィンが子供を連れてカーネルに黙って実家に帰ってしまったのだ。理由は、二人目の子供が生まれる直前の大事な時だというのに、カーネルがクビになったことに怒ったらしい。

ただし、カーネルが自分の家族が家にいないことを知ったのは、しばらくたってからである。サザン鉄道を解雇されたカーネルは、家族を残して別の町にある「ノーフォーク　アンド　ウエスタン」という鉄道会社に働きに出たのだ。保線区員として働いている。

いわゆる「単身赴任」であり、ホームシックになってしまったカーネルは、そこから家族に二一通も手紙を送ったという。だが、返事は一通も来なかった。「何かあったのではないか」と心配しているときに、ようやくジョセフィンの兄より手紙が来て、はじめて事の経過を知ったのだ。手紙には「妹は『会社をクビになるような男と結婚したのは間違いだった』と言って、実家に戻った」と書かれていたそうである。

日を追うごとに家族に、特に子供たちに会いたいという気持ちが募ってくるカーネル。ジョセフィンの実家の近くまで行き、隠れて子供と会おうとしたり、黙って子供を連れて帰ることまで考えたというが、しばらくして「イリノイセントラル」という鉄道会社に再就職することができ、ようやく再び家族と一緒に暮らせるようになっている。

だが、その後もジョセフィンとの暮らしは、幸せなものとは言えなかったようである。「結婚相手を決めるにはお互い若すぎたようだ」とカーネルもそのことを認めている。二人は子供が大きくなり、孫もできた三九年後に籍を抜いている。

ガンコですぐカッとなる性格

イリノイセントラルで再び機関車に乗る仕事にありつけたカーネルだったが、またしても会社といさかいを起こし、まもなくして職場を去っている。そして彼が選んだ次の職業は、意外なものだった。

アーカンソー州のリトルロックという町に、家族とともに移り住んだ彼は、弁護士の仕事についている。クラレンス・ダロウという一九一〇年ころに活躍した著名な弁護士に憧れ、第二のクラレンス・ダロウになろうと考えたのだ。

実はカーネルは鉄道会社で働いていた頃から、通信講座で法律の勉強をしていたのだ。イリノイセントラルを辞めた直接の原因は、会社とのいさかいだったが、その前からカーネルは鉄道マンを辞めて、別の道を歩むことを考えていたのである。ちなみに当時は、弁護士を始めるにあたって特に資格を必要としていなかった。

弁護士の仕事を始めたばかりのカーネルが担当したのは、もちろん喧嘩など、いずれも軽いものばかりだった。そのせいもあり、順調に仕事をこなしていた。ある事件を担当するまでは。

カーネルが担当したその事件は、スコットという男が借金の利子として法外な金額を請求され、争っているものだった。カーネルはスコットの弁護を担当した。彼は裁判に勝てる自信があった。だが、裁判官はカーネルに敗訴を言い渡している。裏取引がされていたのだという。

カーネルが、納得のいかないことには我慢できない性格であることは以前にお話しした。裁判に負けたカーネルは、再度、自分の主張が正しい証拠を集め、裁判所を管轄している州議会に直訴している。結局、カーネルの意見は認められたが、そのあと彼は左遷され、依頼が来なくなっている。

さらには依頼人のスコットにも誤解され、裁判所で彼がいきなり殴りかかってきて、喧嘩になる寸前の所で、警官に取り押さえられている。泣きっ面に蜂である。ほどなくしてカーネルは弁護士になることをあきらめ、インディアナ州に戻ったのだった。

カーネル・サンダースの弁護士になる夢は叶わなかったが、「このとき学んだ知識がのちにビジネスを始めてから何回も役に立った」とカーネルは言っている。弁護士をめざしたことは無駄ではなかったのである。もし、カーネル・サンダースがそのまま弁護士を続けていたら、さぞかし正義感に溢れ、情熱的な弁護士になっていたことだろう。

弁護士を辞めたカーネルは、このあと一年あまりの間、ペンシルバニア鉄道で部品交換員として働きながら、弟のクラレンスに職を持たせるために時間を費やしている。この時期、クラレンスは「悪い仲間」と付き合いだしていたのだ。結局、彼は床屋の商売が気に入り、そのまま床屋を生涯続けたという。

ペンシルバニア鉄道で働いていたこの時期に、カーネルは猛烈な勢いで朝から晩まで働いている。日中一〇時間働き、その後も月明かりの下で石炭の荷降しを夜遅くまで手伝った。荷降しの仕事がないときは、便所の掃除もしたという。

もともと人の倍働くカーネルであったが、彼が一日中働くのには理由があった。この頃に母親が義理の父と別れたのだ。妻と三人の子供に加えて、母親と弟と妹の面倒をみるために、お金がいくらでもほしかったのだ。

ペンシルバニア鉄道で一日中働きながら、カーネルは新たな仕事を探していた。自分の時間とお金を交換する仕事から、自分の能力でお金を得られる仕事をしたかったのだ。

そんなある日、いとこの一人がプルデンシャル生命保険会社で外交員をしていて、優秀な成績を上げていることを耳にした。

カーネルはスーツ姿のいとこを見て憧れた。そして、「同じ血が流れているのだから自分にもできるはずだ」と確信し、さっそく別のいとこからスーツを借りてきて、面接を受けている。そして翌週から保険外交員として、新たなスタートを切ったのだった。

セールスの仕事は彼に合っていたようだ。また、彼はいつものように人一倍働いている。カーネルは朝早くから電話をかけ、一件一件訪問している。夜も街灯でお客のカードを見ながら、家の明かりが消えるまで働いた。

カーネルは後になってから知らされたらしいが、彼が任された地域は、それまで契約がほとんどとれず、外交員から敬遠されていた場所だった。その年もカーネルが任されるまでに、すでに五人も担当が代わっていたのだ。だが、何も知らされていなかったのがかえってよかったのかも知れない。朝から晩まで一所懸命働いた甲斐があり、入社から数カ月後にはカーネルは、その区域で一番の成績を上げるセールスマンになっている。

だが……だがである。またもやカーネルは、仕事のやり方でもめて会社を辞めている。

これまで何回仕事を変えただろう。カーネル自身も職をひんぱんに変えるのはよくないことだと反省していた。そして繰り返し仕事を変えなければならなかったのは、自分のすぐカッとなり、物事に妥協できずに人と対立してしまう性格のせいであることもわかっていた。

彼のガンコですぐカッとなる性格は、終生を通してのものだったようだ。カーネルにその血が流れる、アイルランド系移民によく見られる特徴だという。カーネルの二番目の妻だったクラウディアも、「夫はたびたび癇癪を起こして、そのたびに自分がなだめた」とカーネルの死後のインタビューで、そのことを認めている。

一つのエピソードを紹介しよう。カーネルが七〇歳をとうに過ぎてからのことだ。カーネルとクラウディアはあるレストランに食事に行った。クラウディアが注文した後、カーネルは卵料理を自分の分として注文した。

だが、注文をしたときに卵をよく焼いてくれるように頼んだのだが、片側しか焼けていなかった。そこで再度ウェイトレスを呼び、反対側も焼いてくれるように頼んだ。彼女は気持ちよくカーネルの要求に応じ、卵料理がのっている皿をキッチンに持ち帰った。ところが彼女はすぐに皿を持って戻ってきたのだ。怪しんだカーネルが戻ってきた卵料理を裏返してみると、案の定卵料理は皿の上でひっくり返されただけだった。カーネルは皿を持って立ち上がり、ウェイトレスの制止を振り切って一直線にキッチンに向かう。キッチンにはシェフが一人煙草を吸いながら座って新聞を読んでいた。

「この料理を作ったのはおまえか」とカーネル。

「何か問題ですか」とシェフはカーネルには目もくれず、新聞を読みながら答えた。

カーネルは「大ありだ！」と怒鳴り、次の瞬間シェフに皿を投げつけた。

その後二人は、ダイニングルームにまでなだれ込み、取っ組み合いの喧嘩をする寸前のところで止められた。

言うまでもなくクラウディアは「もう二度と一緒に食事にいかない！」とカンカンになって怒ったそうである。

余談になるが、カーネルは料理人が煙草を吸うのを嫌っていた。ニコチンが味覚を鈍らすと信じていたからだ。カーネルが生涯煙草を吸わなかったもう一つの理由だろう。

事業家への第一歩

一九一二年、二二歳になったカーネルは、保険の外交員を辞めた後、インディアナ州のジェファソンビルに移っている。

カーネルはこの頃になってようやく「自分の性格は誰かのもとで働くことに向かない」ということに気づき始める。彼の心のどこかにある「自分のビジネスを持ちたい」、「自分だったらこうする」という気持ちが平和的に職を去ることをできなくさせていたのだ。彼は事業家としての道をこの後から徐々にたどり始めている。

事業家としてのカーネル・サンダースは、フェリーボートの経営に参加することから始まっている。フェリーボートは、名前をオールド・アスマ号といい、人を一〇〇人くらいと車を一五台ほど載せることができる船で、ジェファソンビルからオハイオ川を越えてケンタッキー州のルイビルまでを往復していた。カーネルは乗船賃が人間が一〇セントで、車が五〇セントだったことまで憶えている。

オールド・アスマ号は蒸気船で、汽笛の音がぜんそくを患っているような音だったので「アスマ」という名前をつけたのだという（アスマというのは、ぜんそくという意味である）。

ただ、この船は冬の間は川に氷が浮かぶので、運航することができず、秋と春も天候がいい時だけしか使えなかったという。ほとんど儲けにならなかったことは、説明するまでもないだろう。

興味深いのは、カーネルはこの時「共同経営」や「経営権」について調べるために、一〇日間ほど図書館に通いつめたということだ。このとき学んだ知識が、のちにケンタッキー・フライド・チキンを始めるときに、役に立ったのではないだろうか。

後日談になるが、結果的にカーネルが参加したこの試みは成功し、フェリーボートは第二次世界大戦ころまで川を行き来したという。

だがカーネルは、経営が軌道に乗る前にジェファソンビルを去っている。彼はインディアナ州、コロンブスの商工会議所より秘書の仕事の依頼を受け、「多くの商売人と知り合えるチャンスだ」と考え、迷わずフェリーボートの経営から手を引き、コロンブスへ向かったのだ。

カーネルは、利益が上がる前にフェリーボートの経営をやめてしまったことを、少なからず後悔していたようである。

ジェファソンビルで忘れてはならないのがロータリークラブの存在だ。カーネルはロータリークラブにこの時から参加し、生涯辞めることはなかった。

「他の人に最高のサービスをする人が、もっとも利益を得る人だ」。

「自分の利益のことを考える前にまず貢献すること」。

これらはジェファソンビルのロータリークラブのスローガンになっている言葉である。

カーネルは、これらのスローガンがいたく気に入った。「妥協のないサービス」を言い表わしており、彼の理想をピッタリと表現している言葉だったのだ。

さらに、このロータリークラブには「四段階テスト」と言われているものがあった。クラブのメンバーは、「四段階テスト」にすべて当てはまらないビジネスを始めてはならないことになっていた。

四段階テストとは

1そのビジネスに嘘偽りはないか。
2そのビジネスは関係するすべての人に公平なものか。
3そのビジネスは良好な人間関係を作っていくものか。
4そのビジネスは関係するすべての人にとって有益なものか。

以後、カーネルは、このロータリークラブのスローガンをモットーとして、常にビジネスをしていたという。また、何か新しいことを始めるときには、いつも「四段階テスト」をしていたそうである。もちろん、ケンタッキー・フライド・チキンを始めたときも例外ではない。

カーネルの転職歴はまだ続く。

フェリーボートの経営を途中で辞めてまで始めたコロンブス商工会議所の仕事だったが、カーネルは実際に仕事をしてみて「秘書の仕事は自分の性分に合わない」とわかり、約一年で辞めている。

そして今度はアセリンガスのランプを製造して、売り始めている。だが、まもなくして性能がはるかに優れている電気ランプが売り出され、カーネルは持っていたお金をすべて失ってしまったのだった。

ランプの販売をあきらめ、お金もなくなってしまったカーネルは、ケンタッキー州に移り、ミシュランタイヤのセールスマンを始めている。成績は優秀だったらしいが、今度は会社がニュージャージーにあった工場を閉鎖してしまい、約一年半働いた後に解雇されてしまっている。

これまでの彼の職歴を並べてみると、

・一〇歳で農場の手伝い
・その後二回農場を移りかわる
・軍隊
・サザン鉄道
・ノーフォーク　アンド　ウエスタン鉄道
・イリノイセントラル鉄道
・弁護士

・ペンシルバニア鉄道
・保険外交員
・フェリーボートの経営
・商工会議所の秘書
・アセリンガスのランプの製造販売
・ミシュランタイヤのセールスマン

とわかっているだけでも、これだけ仕事を変えている。

正直な話、カーネル・サンダースのここまでの経歴からは、彼が、後に世界中に広がるフランチャイズ・ビジネスを作り上げるような、大成功者になることを想像するのは難しい。他の人と違う「抜きんでた才能」のようなものも見当たらない。レストランビジネスともまったく関係のない仕事ばかりである。

あえて彼が他の人と異なっている点をあげるとすれば、仕事をめまぐるしく変えたことぐらいではなかろうか。「三〇歳になるまでにこれだけ仕事を転々とした」という事実だけを考えると「成功者の人生」というよりも、この先にも不安を感じられる人生と言えるのではないだろうか。

ただ、カーネルがどこで何をしていても、「信じられないくらいよく働いた」ことは確かなようである。最初の仕事をクビになり、母親の悲しそうな顔を見たときに、「中途半端な仕事はもう二度とやらない」と誓ったことを守ったのだろう。「一所懸命働くこと」が、この時点でカーネルが持っていた唯一の成功の要素といえるかもしれない。カーネルは晩年のインタビューで「自分に特別な才能があったとは思えない。成功できた最大の要因は一所懸命に働いたことだ」、そして「働け！　一所懸命に働くことが大事なのだ」と繰り返し言っている。カーネルは「一所懸命に他の人のために働くことが、成功するための最低条件である」と確信していたのだろう。

一所懸命サービスする人が最も利益を得る人間

人間何が幸いするかわからない。工場が閉鎖されミシュランタイヤを解雇されたことは、カーネル・サンダースにとって、それまでの成績が良かっただけに不運なことのように思えるが、結果的にカーネルは解雇されたことにより、人生の転機を迎えることになる。

タイヤのセールスマンをしているときに親しくなった、スタンダード石油の代理店の支配人に、ケンタッキー州北東部の町、ニコラスビルでガソリンスタンドを始めることをすすめられたのだ。

カーネルは「今まではいつも他人に使われる仕事ばかりをしていた。そうでないときも他の人の考えに左右される仕事をしていて、自分の将来を自分で決められないでいた。これは自分の運命をわが手に握るチャンスではないか」と考え、ガソリンスタンドで独立することを決心した。

カーネルは、これまでにもフェリーボートの経営などにたずさわったりはしたが、これが本当の意味での彼の事業家としての始まりといえるだろう。こうしてカーネルの転職歴は、ようやく終わりを告げることとなったのである。カーネル・サンダースが三〇歳になる少し前、一九二〇年代も終わりに近づいた頃のことである。

カーネルがガソリンスタンドを始めた頃、アメリカでは乗用車が急激に普及していた。

一九〇八年にヘンリー・フォードが低価格で大衆向けの乗用車、フォードT型車を製造し、一九一三年にフォード・システムといわれる独特の組立ラインを取り入れ、大量生産に成功している。以来、アメリカに自家用車が急速に普及していった。

それまで「金持ちの玩具」といわれ、世界でも数千台しかなかった車が、一九二九年にはアメリカだけでも二三一二万台になっている。一〇年前と比べても四倍近く増加しているのだ。

余談だがヘンリー・フォードは、「大衆のための車を作る夢」を抱いてフォードモーター社を設立する前は、エジソン電気照明会社で主任技師として働いていた。歴史に登場する人物は、不思議とどこかで結びついているものである。

カーネルは時代の流れをつかんだかのようにみえる。実際、彼のガソリンスタンドは繁盛した。時代の波に乗ったせいもあるが、カーネルの徹底したサービスが、人気を呼んだことも見逃すことはできない。カーネルは晩年のインタビューで「自分は、ケンタッキーで自動車の窓をサービスとして洗った最初の人間だ」と自慢している。

当時のケンタッキー州にはハイウェイはもちろんのこと、舗装された道路もほとんどなく、車は田舎道を土埃りを巻き上げて走っていた。カーネルはガソリンスタンドに車が入ってくると飛んでいき、いきなり車の窓をまず洗ってあげ、次にボンネットをあけてラジエーターの水をチェックして、それからおもむろに「ガソリンは必要ですか?」と聞くのだった。汚れた車内を掃除するために、カーネルのズボンのポケットにはいつも小さなほうきがささっていたという。道を尋ねに来ただけでも、車の掃除をしてあげたり、ラジエーターの水やタイヤを点検してあげたりしたのだった。

このような徹底したサービスは、今の時代でもあまり見かけないが、当時はもっとめずらしいことだったのだ。行きに道だけを尋ねに来た人でも、カーネルの親切に感謝して、帰る時には多少回り道でも、カーネルのガソリンスタンドに寄ってガソリンを入れていってくれる人も少なくなかったのである。

また、カーネルは質だけでなく量の面でも、近郊のガソリンスタンドに差をつけた。カーネルは、いつも朝の五時に店を開けていた。他のガソリンスタンドは、店を開けるのが早いところでも七時頃だったが、カーネルはその時間には、すでに他の店の一日分の売り上げを上げていたのだ。さらに毎晩カーネルは、夜九時に店を閉めた後にタイヤの修理をしていた。終わるのが夜中の二時を過ぎることも、めずらしくはなかったという。

こうしてカーネルの献身的なサービスと、寝る間を惜しんで働いた努力が実り、だんだんと彼のガソリンスタンドを利用する人が増えていったのだった。

事業家としてこの上ないスタートを切ったカーネル・サンダースであったが、この繁栄もある日突然崩れ去ってしまうのである。今度は彼の性格が災いしたわけではない。数年後、彼はこれまでの人生の中で最大の苦況に遭遇することになる。そしてその苦況を脱出した後も、カーネルがこれまでの人生で体験したこととは比較にならないような、困難な状況がいくつも彼を待ち構えているのであった。

第2章

サンダース・カフェに寄らずに旅は終わらない

大恐慌

一九一八年に終わりを告げた第一次大戦の後、ヨーロッパ経済が停滞を続ける中で、唯一アメリカだけは繁栄を続けていた。当時の大統領フーバーが「どの鍋にも鶏一羽を、どのガレージにも車二台を」と唱えていたことからも、アメリカの景気の良さがうかがえる。

それは一九二九年一〇月二四日木曜日に、突然人々に襲いかかってきた。その日の前日までは、ニューヨーク、ウォール街の証券取引所で取引されていた株の値段は、上昇の一途を続けていた。そのころアメリカでは、誰でも株を買うとぼろ儲けができるといわれ、株式投資熱があおられていたのだ。この日の朝も、前日までの好調な株価を引き継いで、取引が始められた。

だが、取引開始から一時間もしないうちに、株価は異常な速さで急降下を始めた。突然の大暴落に恐怖にかられた人々が、持っている株を次々に売り始めたことによって、歯止めがかからなくなっていった。不安が不安を呼び、堅実な安定株と思われるものまで売りに出されていき、株式市場は崩壊状態になってしまった。歴史上最も厳しく、まもなく世界全体を巻き込むことになる、大恐慌の幕開けの日として人々に記憶されている「暗黒の木曜日」である。

不況は深刻を極めた。閉鎖された銀行の数は一万行に達した。一九二九年から一九三三年の間に、工業生産指数は一〇〇から五二に減り、国民所得は八六八億ドルから四〇三億ドルにまで減ってしまった。アメリカの工業生産指数、国民所得がともに、わずか三〜四年で半分になってしまったことになる。失業者は公式統計で一三〇〇万人。四人に一人が職を失い、失業率が二五%にもなるわけである。実態はさらに悪かったといわれている。想像を絶する状況である。

農家の人たちは借金を返すことができず農場を手放し、工場で働いていた人やビジネスマンが大量に解雇され、破産していった。失業者が町に溢れ、浮浪者が激増した。人々はパンやスープの配給に列をなし、求職デモが全米各地で起こった。人々は自分と家族が生きるために必死だった。かつて会社の重役だった人たちが、一家を食べさせていくために、道端でりんごを売ったり、日払いの職を求める人たちの列の中に加わらなければならないような、危機的状況にアメリカ中が陥ったのだ。

結局三〇年代を通して、アメリカの一人あたりの国民総生産（GNP）は、大恐慌以前の数字を回復することができず、フランクリン・ルーズベルト大統領が掲げた思い切った経済政策、有名なニューディール政策が効果をあらわすまでの一〇年以上も不況が続いたことをみても、この恐慌が与えた影響の深刻さがうかがえる。

むろん、ケンタッキー州にも大恐慌の波が押し寄せた。ケンタッキー州はもともと豊かな州ではなかった。工業化が遅れ農業中心で、その農業も先進地域とはいえなかった。「ケンタッキー」という州名が、原住民であるアメリカインディアン、チェロキー族の言葉で「荒地」という意味であることからも、それがうかがえる。

そんなケンタッキー州の中でも、カーネルのガソリンスタンドがあったニコラスビルのあたりは、特に貧しい地域だったという。ただでさえ、人々がやっと暮らしていけるような所に大不況の嵐が吹いたのである。たまったものではない。さらに悪いときには悪いことが続くという。あたかも追い打ちをかけるように、この年ニコラスビル周辺は、かんばつに見舞われている。状況はかなり深刻である。アメリカ国民が大恐慌により傷ついているとしたら、この地域は死の一歩手前の重体だったといえる。

カーネル・サンダースが経営していたガソリンスタンドも、無事で済むはずがなかった。アメリカでは一九二九年に四四六万台生産されていた車が、それからわずか三年後の一九三二年には、ほぼ四分の一にまで落ち込んでいる。旅行者は大幅に減り、当然、カーネルのガソリンスタンドの売上げも落ち込んだ。

それに加えて、カーネルは周辺の農家の人たちに、ガソリンを信用貸ししていたのである。ただでさえ苦しい状況の中で生活していた人たちである。大恐慌にかんばつと立て続けに襲ってきた災難になすすべがなかった。カーネルが、未払いのガソリン代を彼らから回収することは、とうてい不可能なことだった。

　彼自身もほんの一カ月前に買ったばかりの起重機を、半額以下で手放してガソリンスタンドの家賃にあてたりした。それぐらい大恐慌は急に人々を襲った出来事だったのである。次第にカーネルは起重機だけでなく、家財道具なども次々に売らなくてはならなくなっていった。

　こうしてカーネルは、彼の事業家としての最初のビジネスであった、ニコラスビルのガソリンスタンドを手放すこととなったのである。カーネルにとってもこの大恐慌の時期は、自分の夢やビジネスを考えるよりも、家族を養っていくことに必死だったに違いない。


　話は少しカーネルから離れるが、この大恐慌の時代を境にして、アメリカのレストラン事情は変化していく。レストランが高級なものから、大衆のものへと変わっていったのだ。当時の新聞も、高級レストランが次々とつぶれていく中で、大衆的なレストランに人気が集まりだしてきていることを伝えている。

　レストランが大衆化してきた原因の一つは、一九二〇年より一四年間も施行されていた禁酒例が一九三三年に解除され、レストランにアルコールが戻ってきたことがあげられる。それまで非合法で経営を続けていたもぐりの酒場も、合法化されたわけである。

またこのころから、食事を提供するのが目的のレストラン以外に、コーヒーショップ、サンドイッチスタンド、ティルーム、など気軽に人が立ち寄れる場所が増えてきている。

そして、これら新しいスタイルのレストランでは、迅速なサービスが要求された。人々の要求に答えるように、ファースト・フード形式のレストランが、続々と現れ始めたのも、この年代のことである。現在、成功を収め有名になっているレストランの中には、この頃に始めた店が多くある。彼らは敏感に時代の変化を読みとったのだ。

ファースト・フード形式のレストランの時代がやってくることを、おおいに予感させるものとなったのが、三〇年代終わりにニューヨークで開催された『ニューヨーク・ワールドフェア』だ。フェスティバルには、六〇〇〇万人もの人が集まった。これだけ多くの人間に対して会場に用意されたのは、八〇のレストランと三四六の売店だけだった。ひとつの売店で一時間に一二〇〇人もの注文に応える必要があったのである。

人は食べなければ生きていけない。大恐慌という厳しい状況の中でも、レストランで食事をする人は、減りこそしたが絶えることはなかった。レストランは時代に合わせて、その姿を変えながら生き延びていったのである。

四〇歳を目前にしてカーネルはビジネスに失敗し、財産を失ってしまったことになる。

しかし彼の「猛然と働く意欲」は失われてはいなかった。カーネルは挫折に悲観するひまもなく、翌年には同じケンタッキー州のコービンという町に移り住み、新たにガソリンスタンドの経営を始めている。そしてカーネルはこのコービンでサクセス・ストーリーの礎を築くのであった。

再出発

一九三〇年六月、カーネル・サンダースは、ニコラスビルのガソリンスタンドを手放してからわずか一年で、同じケンタッキー州の南西部の町コービンで、ガソリンスタンドの経営を再開している。ニコラスビルでガソリンスタンドを経営していたカーネルの噂を聞いたシェルオイルの人間が、コービンに新しく建てる予定のガソリンスタンドの経営の話をカーネルに持ちかけたのだ。

大恐慌の最中でも鉄砲や時計、宝石などあらゆる物を持ってきて、ガソリンを手に入れようとする人が絶えなかったことから、カーネルは「まだガソリンスタンドのビジネスは流行る」と思い、再びガソリンスタンドの経営に携わることに決めた。相手からの誘いということで、資金を必要としなかったことも幸いした。ただ、ガソリンスタンドができるまでの間は、オートミールとパンだけを食べてしのいだという。

話をすすめる前に、これから話の舞台となるコービンという町について触れておこう。コービンはアメリカ大陸の東海岸にそってそびえているアパラチア山脈のふもとにある小さな町である。

なにもない田舎町であった。ただし、町にはケンタッキー州の主要道路である、国道二五号線が横断していた。しかもコービンの町は、国道二五号線の分岐点に位置しており、そこから南へと伸びる道は、ジョージア州アトランタに至り、もう一方の東へ伸びる道は、アパラチア山脈を越えてノース・カロライナ州アッシュビルへと続いていたのだ。

コービンは、他の州からケンタッキー州を訪れたり、ケンタッキー州を通って反対側の州に行く旅行者やトラックドライバーが、食事や休憩をとったり宿泊するのに、都合のいい場所だったのだ。

国道二五号線沿いには、ガソリンスタンドやレストラン、それにモーテルなどの宿泊施設が点在していた。もちろんカーネルも車の通りの多い、この国道に面してガソリンスタンドを構えたのである。

カーネルは新しいガソリンスタンドを開店すると、さっそく周辺の農家の納屋の壁に、自分のガソリンスタンドの広告を描かせてもらっている。彼はニコラスビルでガソリンスタンドを経営していたときの経験から、自分のビジネスをアピールして、多くの人に知ってもらうことの大切さに気づいていたのだ。

彼自身も最初は半信半疑だったが、のちにカーネルが「このアイデアは、私が思いついたものの中で最高傑作の一つだった」と自画自賛しているように、この「農家の納屋の壁」という広告手段は大当たりした。カーネルはこのあと、その地域一帯のありとあらゆる「農家の納屋の壁」に広告を描かせてもらっている。

数年後、カーネルは、レストランの広告も一般的な看板を使わずに、再び農家の納屋の壁を利用している。だが「見た目が悪い。レストランの品位が下がる」とレストラン協会より批判を受けた。それに対してカーネルは、「私は見た目よりも効果のほうを重要視する。高い所に看板を掲げても、ドライバーの目につかない。そんなことは間抜けのすることだ。そして誰も間抜けなレストランには行こうとしない。その点、農家の納屋の壁は、ちょうどドライバーの目線の高さだ」と得意とする毒舌で反論した。

もちろんお客には、ニコラスビルのときと同様に、いたれり尽くせりのサービスをした。このカーネルのたえまない向上心と「他の人が喜ぶことを真心をこめ、一所懸命する」サービス精神が、後に、彼がケンタッキー・フライド・チキンで大成功するための足掛かりとなるアイデアをもたらすことになるのである。

テーブル一つ、椅子六席のレストラン

カーネル・サンダースはガソリンスタンドを経営しながら、「来る人にもっと喜んでもらえること」を常に探していた。

そんなある日、ほとんどの旅行者が、お腹を減らしてガソリンスタンドにやってくるのにカーネルは気がついた。そして、「車にガソリンが必要なように、お客さんにはおいしい食事が必要だ」と考え始めたのであった。

一六歳の時、二一歳と偽って軍隊に入隊したように、思いついたら行動を起こさずにはいられないカーネルである。彼はさっそくガソリンを入れにくる人に、食事の提供を始める。といっても、まだレストラン経営を始めたわけではない。カーネルは、

ガソリンスタンドの隅に建てられていた、物置として使っていた五メートル四方に満たない小さな部屋に、自分の家で以前使っていたテーブルと六つの椅子を持ってきて、食事を提供することを始めたのだ。

お金を使ったのは、床に敷いた一六ドルの布だけであった。しかもそれさえも後払いで買ったものである。

カーネル・ハーランド・サンダースの『サンダース・カフェ』はこうして誕生したのである。

車にガソリンを入れる目的で、カーネルのガソリンスタンドに立ち寄った旅行者にとって、同時に、自分の空腹を満たしてくれる場所が併設されているだけでもありがたかった。

それに加えて、清潔には特に気を使い、おいしい料理を食べさせてくれるサンダース・カフェは、たちまち旅行者たちの間で噂になっていったのだった。当時、旅行者を相手にしていた食堂は、出てくる料理はいい加減なもので、スプーンがベタベタしているような、清潔感に欠けているところが多かったようである。

サンダース・カフェで提供していた食事は、フライドチキン、ハム、豆、ビスケットなど、どこにでもあるようなシンプルなものばかりだったが、カーネルはおいしい料理を出すことにこだわり、どんなときでも丁寧に作られた料理を出していたのだ。

久しぶりに清潔な場所で、おいしい料理を口にすることができた旅人たちは、カーネルにずいぶん感謝したようである。

カーネルの「一所懸命働く」精神、そして「人の喜ぶことを、真心をこめてする」という心構えは、他にもいたるところで発揮されていた。カーネルはシェフからキャッシャーまで全部一人でこなし、一日中働いた。夜遅くにお客が来たときでも、快くもてなしていた。

始めの頃、カーネルは、閉店時間の夜一一時近くなると、五皿分の食事が作れる用意をして、それから店の片付けを始めていた。その間にお客が来ると用意した食事を出し、来なければ、それを家族の晩ご飯にしていたのだ。このため、家族の食事が夜遅くなってしまうことも、たびたびだったそうである。

また、椅子が六席しかない小さなレストランである。お客は、肘と肘をぶつけ合いながら食事をした。「それまでレストランビジネスをしたことがない私は、他人と一緒のテーブルで食事をするのを嫌がる人がいるのを、このときはじめて知った」、「でもうちで食事するのなら、あきらめてもらうしかなかったね」とカーネルは当時のサンダース・カフェを思い出しながら語っている。

サンダース・カフェのお客は、トラックのドライバーが割りと多かったが、その中に交じって、ケンタッキー州の東側に旅行するときに、必ず立ち寄るスローンという医者がいた。彼はいつもトラックドライバーに囲まれながら、黙って食事をしていたが、後年、「レストラン自体の雰囲気には馴染めなかったけれど、食事がおいしかったからいつも立ち寄った」と笑いながら思い出してくれている。サンダース・カフェのスタートは、そんな毎日だったのだ。

サンダース・カフェ

「車にはガソリン、人にはおいしい食事が必要」という自分のアイデアが、想像以上に好評だったことで、カーネルは自分の考えに自信を深めた。また、ガソリンスタンドも相変わらず徹底したサービスを続けたことで、順調に売上げを伸ばしていた。

そこでカーネルは、まもなくしてガソリンスタンドを道の反対側に移し、その横に、今度は本物のレストランを建てる決心をしている。自分が作った料理を人が喜んで食べてくれることに、この上ない喜びを感じていたカーネルだ。本格的にレストランビジネスを始めるのに、躊躇する理由はなかった。

カーネルがガソリンスタンドを移動した理由は、反対側の方が立地条件がよかったからである。カーネルの最初のガソリンスタンドは、国道二五号線沿いのカーブの内側に位置していた。だが反対側のカーブの外側のほうが、国道二五号線から分かれて延びるもう一つの道との分岐点に位置しており、国道を走ってくる車からは、ガソリンスタンドがちょうど道の真ん中にあるように見える場所にあったのだ。立地条件のいいカーブの外側には、もともと別のガソリンスタンドが建っていたのだが、老齢の経営者が、カーネルがそれまで親切にしてくれたことに感謝して、自分が引退するときに場所を譲ってくれたのだ。

ジェファソンビルのロータリークラブで知ってから、カーネルのビジネスのモットーになっている「他の人に最高のサービスをする人が、最も利益を得る人だ」、「自分の利益のことを考える前にまず貢献することだ」という教えは、ガソリンスタンドを移した後にも生かされている。

道路の分岐点に位置していたこともあり、カーネルのガソリンスタンドの前では、よく旅行者が車を停めて地図を広げていた。カーネルはそれらの車を見つけると、おもむろに近づき「どちらに向かっているのですか?」と聞き、道案内をしてあげた。

当時コービン周辺は道路を整備しており、あちこちで工事が行なわれていた。そのためカーネルはどこで工事をしていて、どの道を通ればいいかを前もって調べておいた。道の状況とともに親切に教えてくれるカーネルに感謝して、彼らの多くは、カーネルのスタンドでガソリンタンクを満タンにしていくのであった。

新たにカーネルが始めた「本格的」なレストラン、サンダース・カフェは、カーネルが自分で作ったテーブル三台に加えて、カウンターが用意された。決して大きなレストランとはいえないが、はじめて正式なレストランビジネスを始めた、当時のカーネルにとっては、自分のしていることが、とても大きなことに感じられたのだろう。いずれにしてもテーブル一つ、椅子六席の「食事を提供する場所」から大躍進したことは確かである。

カーネルはレストランの外見だけでなく、中身も充実させるために、レストランをオープンしてすぐに、シカゴで開催されているレストランビジネスのコンベンション（集会）に参加している。

ガソリンスタンドの移転やレストランを始めたことで、この時カーネルはまったくお金を持っていなかったようである。カーネルはコンベンションの参加費を集金に来た人に、「今は忙しいからランチタイムの後に来るように」と頼み、再度集金に来たときに、レジの中の売上げから、参加費の一二ドルを払ったのだった。

なぜカーネルが参加費の金額まで憶えていたかというと、参加費を払った後に、レジに六五セントしか残っていなかったのを、いつまで経っても忘れられなかったからである。

カーネルはシカゴに車で向かった。そしてコンベンションには、行き帰りの行程を含めて四日間費やしたという。途中、お腹が減ったら車を道の脇に停め、車の中で、家から持ってきたパンやビスケットを食べながら、シカゴに向かったそうである。「コンベンションでは試食品がたくさんあったので助かった。おいしいところを見つけて何回も往復したよ」とカーネルは冗談まじりに話している。

ガソリンスタンドはサービスの良さで、レストランは味で、旅人の間で評判になり、噂を聞き一国道二五号線沿いにあるサンダースのガソリンスタンド」を旅の途中の目標地点とする人まで出てきた。「サンダース・カフェに寄らずに旅は終わらない」という人もいたほどだ。

同じ国道上で、サンダース・カフェから四七マイル（約三〇キロ）離れたところで、ガソリンスタンドを経営していた人が、「私のガソリンスタンドに、サンダース・カフェの場所を聞きに来る人が、毎日何人もいた。場所を教えてあげた人の数は、何千人にもなるはずだ」と言っていることからも、その評判の高さがうかがえる。

当時の地元のレストランガイド『アドベンチャー・グッド・イーティング』にも「おいしい料理を食べさせる店」として、サンダース・カフェが推薦されている。こうして最初は、旅人の間で人気があったサンダース・カフェの味は、地元の人たちにも広く知れ渡ることとなったのである。まもなくしてカーネルは、サンダース・カフェを二四時間営業にしている。

一九三五年、すでにカーネルは、押しも押されぬ地元の名士になっていた。彼がケンタッキー州知事から、『カーネル』の名誉称号を与えられたのもこの年である。この時点から、この物語の主人公の名前は、カーネル・ハーランド・サンダースとなったのである。カーネル四五歳のときである。

売上げも順調に伸び、レストランも少しずつ拡張されていった。しばらくしてカーネルは、忙しくなったレストランに専念するため、ガソリンスタンドを手放している。

人が喜ぶ料理を真心をこめて作る

カーネルはこの頃すでに、自分の料理の味にかなりの自信を持っていたようだし、実際に彼の作った料理がおいしかったことを、当時サンダース・カフェを訪れた多くの人が覚えている。カーネルは子供のころから「料理のセンス」のようなものを持っていたようだが、彼の「人が喜ぶ料理を真心こめて作る」という姿勢が、お客の称賛を呼び、それが自信になり、さらにおいしいものを作るようになるというように、好循環を繰り返していったのではないのだろうか。

カーネルが自分の腕に自信を持っていたこと、そして、よりおいしいものを作ろうとしていたことを物語るエピソードがある。当時サンダース・カフェを訪れた客の何人かが、サンダース・カフェのメニューに「さてみなさん、私の料理がもしも美味しくなかったら、お代は払わなくて結構ですよ」と書かれていたことを覚えている。

また当時の客や従業員の多くが、カーネルの作った料理が忘れられないほどおいしく、サンダース・カフェがいかに素晴らしかったかを、インタビューで語っている。そのいくつかをここで紹介しよう。


ハーバード・ウィルソン夫妻は、三〇年代の後半に、毎週日曜日、教会に行った帰りにサンダース・カフェに寄り、食事をするのを欠かしたことがなかったという。「私たちが特に気に入っていた料理は、フライドチキンとダンプリング（餃子のようなもの）とサラダに使うオリジナルのドレッシングだった」と二人。

アーネスト・デニィは、三〇年代を通じて、ケンタッキーとテネシーのフットボールの試合を見に行く途中、必ずカーネルのレストランで食事をしたという。そして当時のことを思い出しながら、「サンダース・カフェが、その近辺で唯一美味しいものを食べさせてくれるレストランだった」と語っている。

ジョン・グロス夫妻にとっても、サンダース・カフェは特別な場所だった。彼らは一九三四年一一月一一日に結婚式を挙げた。結婚式の夜、彼らは二人の友達とともにサンダース・カフェに立ち寄っている。「それは雪が降っていて、とても寒い日曜日の夜八時頃のことでした」とグロス夫人。「カーネルの他には、誰もレストランにはいませんでした。カーネルは注文を取りにきてくれました。結婚して最初の食事がハンバーガーになりましたが、カーネルの作ってくれたハンバーガーは、今まで食べたどのハンバーガーよりずっとおいしくて感激したことを覚えています」と二人はその時のことを後々まで覚えていた。

サム・ギャラガー夫人とその家族は、サンダース・カフェがまだテーブル一つだけだった頃からのお客だ。彼女はいつも日曜日の夕食を、家族とともにカーネルのレストランで食べていたことをよく覚えていた。

また、マービン・エンドリスのように、カーネルが新しく味つけしたフライドチキンを、試しに食べさせてもらったことを覚えている人も何人かいた。この頃から、すでにフライドチキンに取り組んでいたようである。

これらのサンダース・カフェに関する思い出は、カーネルの死後、「三〇年代から四〇年代のサンダース・カフェを覚えている人」という記事を、コービン地区の新聞にケンタッキー・フライド・チキンが掲載したところ、一〇〇〇通を超える手紙が送られてきて、その中の一部を紹介したものである。

サンダース・コート

「旅行者においしい食事を提供しよう」と思いつき、ガソリンスタンドに併設してレストランを建て、そのレストランが大好評で、まもなくガソリンスタンドを売り払い、レストランビジネスに専念しなければならないほどの成功を収めたカーネル。だが常に「よりよいもの、より人に喜ばれるものをめざす彼は、さらに今度は「旅行者は安心して心地よく泊まれる場所を求めている」ことに気づき、さっそくレストランの隣にモーテルを建てている。相変わらず思いついたら行動は早い。

ガソリンスタンドの時にしてもレストランにしても、カーネルは「自分の提供するものやサービスは、必ずお客を満足させることができる。また、そのようなビジネスをしなければならない」と、自分のビジネスとサービスの質に、高い誇りと自信を持っていた。同時に彼は、「黙っていては、自分の存在ややっていることを人に気がついてもらえない」ということも理解していた。「どうしたらもっと多くの人が、自分のやっているビジネスの存在を知り、利用してもらうことができるか」ということにも常に頭を使っていたのだ。

モーテルの宣伝方法も、そんなカーネルらしくユニークなものだった。彼はレストランの建物の中にあえて電話ブースやトイレを備えず、レストランに来た客が電話やトイレを使いたいときは、隣に建ててあるモーテルを通って、電話ブースやトイレに行く必要があるようにわざとしたのだ。レストランに食事に来た客が電話やトイレを利用するときには、いやでもカーネルのモーテルを見なければならなかったわけである。こうしてレストランに来た客に、カーネルは自分のモーテルが、レストランと同様に清潔で落ち着いて泊まれる場所であることを宣伝したのだった。

「田舎町のモーテルだけど、雰囲気やサービスはヒルトンホテルにも負けていなかった」と当時、サンダース・コートで働いていたクリスティーン・グリーンは語っている。

カーネルは従業員たちに、泊まりに来た客のカバンを部屋まで持っていき、帰るときも出口まで運んでいくように指示していた。そしてサービスマンには、お客がお礼にチップを渡そうとしたら「お客さんにサービスしないのなら、私はここにいる必要がありません」と言って、チップを受け取らないようにさせていたのだ。

新聞も朝と夕方に部屋まで持っていき、雨が降ると、お客が濡れないように車の所まで傘を持っていき出迎えていた。現在では、ほとんどのホテルで当たり前のように行なわれているこれらのサービスも、この当時では、特にコービンのような田舎町のモーテルでは、めずらしいことだったのだ。

こんなエピソードも残っている。ある寒くて霧の濃い夜、お客の車のドアや窓が凍りつかないように、カーネルは自ら外に出て、車にカバーをかけてあげていた。それをたまたまその晩モーテルに泊まっていた、全米ホテル協会の関係者が目撃していた。彼はカーネルの行ないにいたく感心して、この晩に自分が見た出来事を、後日ホテルマガジンに掲載している。

また、カーネルは、モーテルのイメージと清潔さを保つために、カップルにモーテルを使われるのを嫌った。彼は一〇〇マイル以上車で走ってきた旅行者の格好をしているカップル以外は、決してモーテルに泊めなかったという。

清潔で安心して泊まれるモーテルは旅行者におおいに気に入られ、七部屋から始めたモーテルは、最終的には一七部屋まで増設されている。

四〇歳でコービンにガソリンスタンドを始めてからの一〇年間は、カーネル・サンダースにとって順風満帆だったように見受けられる。少なくともビジネスは、順調そのものだったといえるだろう。ただ、プライベートライフでは、カーネルはこの間に、彼の人生において最悪の悲劇に見舞われている。レストランを開店した直後に、仕事を手伝っていた自慢の一人息子、ハーランドが病気のため他界してしまったのだ。

ハーランドは、血液の中に雑菌が入ってしまい、菌が体中に蔓延するのを防ぐために、扁桃腺の手術を受けている。だが、手術後の回復が思わしくなかった。

一向に良くならない息子を心配して、カーネルは毎朝仕事を始める前に、ハーランドを近くの温泉に連れていくなど、献身的に尽くした。

だが、そのかいもなく、菌は血管の中で固まりとなり、体のあらゆる部分を毒素が侵しだし、最後は菌が脳に侵入してしまい、二〇歳という若さでカーネルのもとから去ってしまっている。

カーネルはこの時四〇歳になっていた。彼は今までの自分の人生を振り返り、「過去二〇年は充実した日々だった」と思った。そして「息子は自分とともにこれまで歩んできたのだから、息子の二〇年間の人生も最高なものだったに違いない」と信じたのであった。

一人息子をなくしたカーネルは、それを忘れようとするかのように、この後、以前にも増してビジネスに精を出している。そのせいもあり、カーネルのレストランとモーテルビジネスは、しばらくの間繁栄を続けている。だが、彼が五〇歳になる直前の一九三九年にカーネル・サンダースは、またしても運命の悪戯に翻弄されることとなるのである。

第3章

秘伝の調理法

レストラン焼失

長年の努力と工夫が積み重なり、カーネル・サンダースのレストランとモーテルのビジネスは、順調に発展していた。サンダース・カフェに来るどのお客も、カーネルの料理がとてもおいしいこと、レストランとモーテルが清潔で気持ちよく利用できることを褒めたたえた。毎日大勢の人が、カーネルのレストランやモーテルを利用していたが、噂が噂を呼び、その数はさらに日々増え続けていたのだ。

コービンで成功したカーネルは、さらに一九三七年に、コービンから約一五〇キロ離れたノースカロライナ州のアッシュビルという観光地にもモーテルを建てている。

彼のビジネスがますます繁栄していく要素はいくつもあったが、妨げになるようなことは何も考えられなかった。

だが、災難はいつも忘れた頃に突然やってくるという。一九三九年のある朝のこと。アッシュビルのモーテルに来ていたカーネルは、電話のベルの音で目が覚めた。その電話はコービンのサンダース・カフェで働いている従業員からのものだった。

「最初は、電話をかけてきたウェイトレスがとても興奮しているので、『火事』という言葉を除いて、彼女が何を言っているのかよくわかりませんでした』とカーネル。

カーネルは、彼女が落ち着くのを待ってもう一度聞き直し、コービンのレストランとモーテルが全焼したことを知ったのだった。

今まで一〇年近い年月をかけて作り上げてきたものが、一夜にしてすべて灰になってしまったわけである。五〇歳を目前にひかえたカーネルに、またしても突然襲ってきた厳しい試練である。

これまでいくつもの逆境を乗り越えて来た、さすがのカーネル・サンダースも、落胆のあまり今度ばかりは「もうレストランはやめよう」と思ったという。

だが、すべてを焼き尽くすような火事でも、燃やすことのできない財産をまだ自分が持っていることに、まもなく彼は気づかされる。カーネルには、サンダース・カフェの料理の味を慕ってくれる多くの人たちがいたのだ。また、彼には年月とともにさらに磨きがかかった料理の腕もあった。

サンダース・カフェの多くのファンに勇気づけられ、カーネル・サンダースは、再び同じ場所でレストランを始めることを決意したのだった。それはまさに、彼が長年休むことなく続けてきた、「他の人が喜ぶことを一所懸命する」という精神がもたらしてくれたものだったといえるだろう。自分の逆境を支えてくれる、多くの人がいることに感謝したカーネルは、「今まで以上に他の人が喜ぶことをしよう」と、この時誓ったのであった。

この経験からカーネルは、「これから先の人生は、レストランビジネスで生きていこう」と決心し、アッシュビルで始めたばかりのモーテルも売り払い、新たに建てるレストランの資金にあてたのであった。

一九四一年七月四日コービンに「サンダース・カフェ」が再び誕生した。カーネルが意識してその日にレストランをオープンしたかどうかはわからないが、七月四日はアメリカの独立記念日である。

これまでのカーネルの人生において、彼は何回となく困難に遭遇し挫折を味わっても、そのたびに必ずそこから何かを学んで立ち上がっている。そして結果的に一つ一つの挫折が、彼をさらに大きくしていったといえるだろう。挫折なしに彼の人生を語ることはできないし、これまでの成功もありえなかったわけである。そしてそれは、今後の彼の人生にも言えることとなのである。

今回もカーネルは、ただレストランを再建したわけではない。彼は一四二席もある大レストランを田舎町に作ったのだ。当時、これだけの規模のレストランは、アメリカの中でもめずらしいものだった。

すでに料理の「質＝Q（クオリティ）」に自信をもっていたカーネルは、新しいレストランでは料理と同じように「サービス＝S」と「清潔さ＝C（クリーンネス）」

にもこれまで以上にこだわり、気を配った。まだファースト・フードという言葉は、一般に使われていなかったが、これはまさしくファースト・フードの基本コンセプトの「Q・S・C」である。サンダース・カフェは、「今日のファースト・フードの基本コンセプトが作られた場所」と言っても過言ではないのである。

何事にも妥協を嫌ったカーネルは、料理はもちろんのこと、サービスの質、清潔さなどあらゆる面で、自分が考えられるすべてのことで「最高」であり「完全」なものをめざしたのだ。妥協をゆるさないカーネルの性格は、その性格が原因で、一〇代、二〇代の頃に何回も転職をすることになったり、人と衝突をした。

普通なら年齢を重ねるにつれ、だんだんと丸くなっていくものだろうが、カーネルの完全をめざす気持ちはさめることなく、逆に歳を重ねるにつれてさらに高まっていったのであった。「私はものごとがパーフェクトな形になることを信じている」と彼は後年のインタビューでも語っている。そしてカーネル・サンダースは、歳を重ねるにつれて「パーフェクト」に近づいていったといえる。

オリジナル・レシピ、フライドチキン

テーブル一つに椅子が六つのサンダース・カフェを始めて以来、カーネル・サンダースが作る料理の中で、最も人気があったのがフライドチキンだった。

現在も世界中のケンタッキー・フライド・チキンで売られている、カーネルが発明したオリジナル・レシピ、フライドチキンは、七つの島からとれた一一種類のハーブやスパイスを使った独特の味つけ法「イレブンスパイス」で有名だが、カーネルがイレブンスパイスのフライドチキンをサンダース・カフェのメニューに載せたのは、レストラン・ビジネスを始めてからだいぶ経ってからのことだった。

いつの頃からかカーネルは、サンダース・カフェのフライドチキンの味つけに、ハーブとスパイスを使うようになっていた。ただし、それは現在ケンタッキー・フライド・チキンで売られているようなものではなく、ただ単にハーブとスパイスで味つけされた「普通のフライドチキン」だった。それでも十分美味しかったし人気もあったので、カーネルはフライドチキンの味を変えずにいたのだ。

カーネルは、「もっと多くの種類のハーブやスパイスを使ってフライドチキンを作ってみたい」という気持ちにたびたび駆られたが、「味をいじくり、常連客の好みに合わなくなるといけない」と思い、あえて味を変えなかったのだという。

だが、ある日近くを流れるカンバーランド川を下ってきた団体の旅行客が、サンダース・カフェにランチを食べにきたので、カーネルは「前から考えていたハーブとスパイスを加えてフライドチキンを味つけして、美味しかったら出してみよう」と思いついたのだ。できあがったフライドチキンを自分で試食してみると、今までのフライドチキンよりずっと美味しかった。そこで観光客にも出してみると、これが大好評だった。

こうしてこれ以後、サンダース・カフェのメニューには、カーネルがこの時試した新しい味つけのフライドチキンが載ることとなり、これがイレブンスパイスの始まりとなったのである。

以後数年間、カーネルはフライドチキンの味をさらに美味しくするため、常にスパイスの調合方法や調理方法の改良を試みている。

カーネルは、お客の反応を大事にしていた。彼は自分のフライドチキンの作り方を書いた紙をいつも数枚持っていて、（どの程度まで書いてあったかは不明）フライドチキンを注文してくれたお客を見つけると、そのテーブルに近づき「お味はどうですか」と聞き、用意しておいた紙を渡してあげていた。このサービスはお客に大変喜ばれ、その後もお客との会話が弾み、カーネルに、さらに美味しいフライドチキンを作るためのアイデアを、いくつももたらしてくれることになったのである。

また「美味しいフライドチキン」を作ることに徹底的にこだわったカーネルは、料理の素材である鶏を野菜とともに、レストランの裏手に作った農場で自分自身で丹念に育てていた。このカーネルの「素材へのこだわり」はケンタッキー・フライド・チキンに受け継がれ、現在でもケンタッキー・フライド・チキンでは、契約した農家で丹念に作られている新鮮な鶏と野菜が使われている。

圧力釜との出会い

カーネルのイレブンスパイスのフライドチキンは、誰もがその味を絶賛した。だが、問題点がなかったわけではない。フライドチキンを作るときカーネルは、まず厚い鉄のフライパンにオイルを底から八分の一ほどだけひき、そこにハーブとスパイスで味つけして、卵とミルクと小麦粉をまぶした骨つきチキンを入れ、圧力が逃げないように鉄のふたをしてゆっくり蒸すように揚げていたのだ。このチキンの料理法は、カーネルが子供の頃母親から教わったものである。この料理法だと確かに油っぽさはなくなるが、問題なのは揚げるのに三〇分以上かかることだった。

前もって作っておくと、毎晩必ず売れ残りのチキンが出てしまうし、一度揚げておいて、注文を受けてから温め直すのでは、味が落ちてしまう。「美味しい料理」にこだわるカーネルには、妥協することができなかったのである。

だが、お客は注文してから食べ始めるまで三〇分以上待たなければならず、待ちきれずに帰ってしまうお客も少なからずいた。

他のレストランなどで作られていた一般的なフライドチキンは、ディープフライという方法で作られていた。油をたっぷり入れた鍋を熱し、その中にチキンを入れて揚げていたのだ。

この料理法だと確かに早くできあがるが、大量の油を使うので同じ油でポテトやオニオン、シュリンプなどを揚げることとなるし、何よりもできあがった料理の表面が硬くなり、中身が油っぽくなってしまうのだった。他の食材の味が加わったり、料理が油まみれになるこの料理法を嫌ったカーネルは、時間がかかっても自分独自の方法でチキンを料理していたのだ。

「何とかもっと早くチキンを料理する方法はないものか」。イレブンスパイスのフライドチキンの味を落とすことなく、もっと早く作ることができて、多くの人に食べてもらえるようにすることは、サンダース・カフェが一四二席の大レストランになったこともあり、解決しなければならない問題になっていたのだ。

カーネルが「圧力釜」と出会ったのは、そんなときだった。ある日、カーネルは地元の厨房用品店へ買物に行き、そこで当時の新製品、圧力釜を紹介された。

デモンストレーションで圧力釜の威力を見たとき、カーネルは自分の目を疑ったという。それまでカーネルはグリーンピースに味をしみ込ませるために二〜三時間は煮込んでいた。それが圧力釜を使ったデモンストレーションでは、わずか七分でやわらかくなり、味をしみ透らせてしまったのだ。感激したカーネルはさっそく圧力釜を買って帰ったのであった。

圧力釜との出会いによって、フライドチキンの料理時間の問題は一挙に解決へと向かった。買ってきた圧力釜でグリーンピースなどの野菜を料理しているうちに、その機能のとりことなっていったカーネルは、ある日「圧力釜でフライドチキンを作ることができるのではないか」と思いついたのである。

それからしばらくの間、カーネルは圧力釜でフライドチキンを作ることに没頭している。「完成させるまでにはずいぶん時間がかかった」と、カーネルが言っているように、圧力釜のプレッシャーと調理時間をピッタリとかみあわせ、美味しいフライドチキンができるようになるまでには、だいぶ試行錯誤を繰り返したようである。

だが、苦労した甲斐があり、カーネルは圧力釜でフライドチキンを作る方法を完成させたのであった。これによって今まで三〇分以上かかっていたのが、たったの七分間で自慢のイレブンスパイスのフライドチキンができあがるようになったのである。

カーネルにとって、圧力釜はまさに「天からの恵み」であったといえる。だが、カーネルの料理に対するこだわりと熱意が、圧力釜との出会いを生んだともいえるだろう。カーネルが妥協をしてフライドチキンを作り置きするようにしていたなら、彼は圧力釜の存在を見過ごしていたかもしれないし、「圧力釜で作れば、味を落とさず早くフライドチキンができるのではないか」というような発想も浮かんでこなかったのではないだろうか。

「カーネルの思いが天に伝わって、圧力釜との出会いがもたらされた」と考えるのが一番いいのかもしれない。ただし、カーネルにはこの圧力釜との出会いが、このあと、自分の人生を大きく変えることになるとは、もちろん知る由もなかった。

「グリーンピースが短時間で料理されるのを見て、同じようにフライドチキンも圧力釜を利用すれば、早く作れるのではないか」というのは、それほどたいした発想に思えないかもしれない。だが圧力釜とは、その名の通り釜の内部に圧力をかけて、短時間で野菜や肉に味をしみ込ませるものである。釜にかかる圧力は相当なものなので、取り扱いを間違えると爆発や大火傷を負う危険もあるのだ。

カーネルがどのようにして圧力釜でフライドチキンを作るようにしたのかは、秘伝の調理法なので、もちろん公開されていない。だが、「圧力釜で揚げ物を作る（当然油を使う)」という発想は、危険であり普通では考えつかないことだといえる。

いずれにしろ、圧力釜の発明の恩恵を世界中で一番受けたのは、間違いなくカーネル・サンダースであり、ケンタッキー・フライド・チキンだろう。圧力釜はカーネルのオリジナル・レシピ、フライドチキンのために発明されたようなものだ。だが発明した人はこんなことに使われるとは想像もしなかったであろう。

現在、ケンタッキー・フライド・チキンでは、イレブンスパイスのフライドチキンを作るのにさまざまな種類の料理器具を使用しているが、すべて圧力釜であることには変わりない。カーネルがこのとき完成した料理法は、今も基本はまったく変わることがないのである(カーネル・サンダースが最初に使った圧力釜は、今もルイビルにあるカーネル・サンダース記念館で展示されている)。

こうして「七つの島から集めた一一種類の秘伝のスパイスとハーブ」で味つけをし、純正植物油を使って圧力釜で揚げる、伝説的に語られる『カーネル・サンダース・オリジナル・レシピ、イレブンスパイス・フライドチキン』が完成したのであった。

「やわらかくて、味がしみわたっていて、油っこくなくて、まるで口の中でとろけるようだ」と、サンダース・カフェのフライドチキンは、またたく間に評判になっていったのである。カーネルが五〇歳頃のことである。

「地獄より少しはましな場所」コービン

こうしてコービンにあったサンダース・カフェは、ケンタッキー・フライド・チキン発祥の地となったわけである。話は少し前に戻るが、コービンでカーネルの性格をよくあらわしているエピソードが残っているので、ここで紹介しておこう。

そのころコービンは「地獄より少しはましな場所」として知られていた。密造酒の製造が盛んに行なわれており、ギャングが横行していたのだ。毎日、町のいたる所で喧嘩や拳銃の撃ちあいが発生していたという。

警察や裁判所など、町の治安組織も腐敗していた。警官の中には裁判所と共謀して、旅行者から罰金を巻き上げている者もいた。警官が、スピード違反や不注意運転などをでっち上げ、交通違反で旅行者を逮捕する。逮捕された旅行者は一晩警察署で泊まらされ、次の日に裁判所に出頭することになっていた。そこで支払わせる罰金を、警官と裁判官が着服していたのだ。

以前、弁護士をめざしていたこともあるカーネル・サンダースは、その頃の経験から、もともと裁判所にはいい印象をもっていなかった。事情を知ったカーネルは「このまま放っておいては、コービンに悪い評判がたつ」と思った。そこで彼は、自分の法律の知識を活かして「裁判に負けないための秘訣」を紙に書き、毎朝裁判所を訪れ、裁判を待っている旅行者に配ったのである。

ある朝のことである。いつものように裁判所を訪れると、カーネルは警察官に呼び止められた。

「カーネル。おまえに逮捕令状が出ているぞ」とその警官。

「何の理由で?」

「無許可で弁護士の活動をしている容疑だ」。

「なるほど。それなら自分が書いた『裁判に負けないための秘訣』が役に立ちそうだな」。カーネルも負けてはいない。

「牢屋に放りこむぞ!」警官は脅しにかかった。

だが、カーネルは警官がそこまでする権利をもっていないのがわかっていたので、かまわずに車に乗り、走りだした。警官もカーネルの後をついてきた。しばらく走ると警官はカーネルの車を止めて「逮捕歴がつくとかわいそうだから、今ここで俺に罰金を払ったら、すべてなかったことにしてやるぞ」とあからさまに賄賂を要求してきた。

カーネルは、かまわず、さらに車を走らせ隣町までいくと、ようやくその警官はあきらめて引き返していった。

それから数日後、「コービンに来たら警官とひったくりに気をつけろ！」と大きく書かれた縦五メートル、横六メートルの看板が、カーネルのガソリンスタンドに建てられた。

警官や裁判所の人間が怒ったのは言うまでもないが、噂を聞いた新聞社が、この看板を新聞に載せたので、相手も強引な手段を使うことができなかった。

驚いた町の有力者たちが、看板を降ろすように説得したが、カーネルは「コービンの町から不正がなくなるまで降ろさない！」と言い張ったそうである。頑固で正義感の強いカーネルの性格が、よくわかる出来事である。

この出来事は、カーネルに思わぬ副産物をもたらしてくれている。新聞の記事には、看板とともにガソリンスタンドの写真が載り、カーネルのガソリンスタンドは、旅行者の間で話題になり、ますます繁盛していったのである。

別れ、そして出会い

誰の人生においてもいくつかの大事な出会いがあり、そしてまた別れもある。カーネル・サンダースが体験した、そのような出会いと別れをこれまでにもいくつか紹介したきた。カーネルが妻、ジョセフィンと離婚したこと、そして数年後にクラウディアと再婚したこと、そしてユタ州のソルトレイクシティでハンバーガー店を経営するピート・ハーマンとの出会いも、カーネルの人生を語るうえで、欠かすことのできない出来事であったといえる。

カーネルが三九年間一緒に暮らしてきたジョセフィンと離婚したのは、コービンに再建したレストランが軌道にのり、二人の子供が大きくなり、孫もできた一九四七年頃のことである。カーネルが五七歳前後の時だ。

カーネルは一六、七歳の頃にジョセフィンと出会い、そのまま結婚し、彼女との間に長女のマーガレット、一人息子のハーランド、末娘のミルドレッドの三人の子供を授かったこと。そして息子のハーランドは、カーネルが四〇歳の時に二〇歳の若さで他界したことはすでにお話しした。カーネルとジョセフィンの関係についてもすでに触れたが、二人の仲は最初からうまくはいっていなかった。三九年間の結婚生活の後、二人は「子供を無事育てる」という共通した目的を達成したので、離婚することに合意したのだ。カーネルによると離婚の話は、ジョセフィンから申し出たことだという。

ただし、カーネルは別れた後でも、ジョセフィンの面倒をよくみたようである。彼女に家を買ってやり、彼女が暮らしに困らないように、お金も彼女の銀行口座に送り続けたという。また、彼女がカーネルの家やレストランに来ても、いつでも歓迎して迎え入れていたのであった。

離婚をしたときカーネルは、「自分が再婚するとは夢にも思っていなかった」という。だが一人になって一年半が過ぎたころ、彼はサンダース・カフェの従業員だったクラウディアに恋をし、結婚を申し込んでいる。カーネルによると、服のボタンは自分でつけることができるが、くつ下の縫い繕いがどうしてもできないので結婚を申し込んだという。誰が聞いても照れ隠しとわかる。一九四九年一一月、カーネルが五九歳の時に二人は結婚し、その後カーネルが他界するまでの三〇年あまりをともに暮らしている。

ピート・ハーマンと最初に会ったのは、一九五一年にシカゴで開催された全米レストラン協会の講習会でのこと。カーネルとピートには、少なくとも二つの共通点があった。カーネルがケンタッキー州のコービンで、ピートがユタ州のソルトレイクシティで、それぞれレストランを経営していること。そしてもう一つは、二人ともお酒を飲まないことだった。

レストラン協会の集まりということもあり、参加している人の中でお酒を飲まない人は、ほとんどいなかった。そんな中で自分と同じお酒を飲まない相手を見つけた二人は、講習会の後や夕食の後などの時間を、必然的に一緒に過ごすようになっていた。

話の内容は当然お互いのレストランについての話題が多くなり、レストラン経営の考え方をはじめ、多くのことで二人は意気投合した。

ただしカーネルが話したサンダース・カフェのフライドチキンの話には、ピートはこの時点では、ほとんど興味を示さなかったという。

ピート・ハーマンは、後にケンタッキー・フライド・チキンが誕生し、発展していくうえでなくてはならない人物となるのだが、その話は次章に譲ることにしよう。

他の人に喜んでもらうことが生きがい

カーネル・サンダースは人生を通して、「他の人に喜んでもらうことを生きがいとしていた」と言っていいだろう。彼自身も「自分は人間が大好きで、いつも誰かの役に立つことを考えていた」と言っている。コービン時代にもカーネルは、積極的に人の役に立とうとしていた。

当時コービンの町には「ガリレーン・チルドレン・ハウス」という孤児院があり、一〇〇人近い子供が住んでいた。カーネルはもともと子供好きだったが、特に孤児院に入っているような薄幸な子供たちには、特別関心を寄せていた。

彼はたびたびガリレーン・チルドレン・ハウスを訪れ、アイスクリームやお菓子を子供たちに与えている。また、クリスマスイブの日は、いつもレストランを昼で終わりにして、子供たちにターキーなどをご馳走していたのだ。そういえばカーネルの風貌はサンタクロースによく似ている。

カーネルが助けようとしたのは、子供たちだけではない。アルコール中毒の人を立ち直らせようと匿名禁酒同盟に参加し、その活動に積極的に取り組んでいる。自分のモーテルにアルコール中毒の人たちを何日も泊まらせてアルコールをやめさせようとしたり、毎月二回は自分の仕事が終わった後で、一五〇キロ以上離れたところにある、匿名禁酒同盟に彼らを連れていったりしている。

その他にもコービンにやってきた当時、町に医者がいなかったので、彼は産科医の代わりをしたりもしている。

カーネルにとって成功の基準は「人に喜んでもらっているか」、「人の役に立っているか」だったのではないのだろうか。ビジネスでの成功はその延長だったのかもしれない。

人に喜んでもらうことが自分の喜びに感じられるカーネルにとって、特に喜んでもらいたかったのが神様だったといえる。彼は毎週末に教会に足を運ぶわけではなく、「熱心なクリスチャンではなかった」と本人も認めているが、神様という存在に対しては特別の思いをもっていたようである。

カーネルは、神様の存在を感じるような体験を何度かしている。ジェファソンビルでフェリーボートの経営に携わっていた頃、カーネルは、橋を吊しているケーブルが切れて、一三メートル下の川まで、車ごと真逆さまに転落している。だが、奇跡的に怪我だけで済んだのだ。他にも何回か遭遇したアクシデントや、ビジネスの危機を乗り越え、生きてこられたことで、カーネルは神様に感謝せずにはいられなかったのである。

カーネルが神様の存在をより強く意識したのは、ガリレーン・チルドレン・ハウスに寄付をしたあるときだった。当時、ガリレーン・チルドレン・ハウスは、施設の経営を続けていくためにお金を必要としていた。カーネルは孤児院の窮状を聞き、寄付を申し出たのだ。ところが孤児院が必要としていた額は、カーネルの銀行口座に残っている金額よりも多かった。

カーネルは自分自身もお金に困っていたが、「自分が助けなければ孤児院はつぶれてしまい、子供たちの行くところがなくなってしまう」と思い、支払えるあてはなかったが、孤児院が必要としているお金の全額を、小切手に書いて寄付したのだ。

だが、不思議なことに、その後教会関係の団体客が続けて彼のレストランとモーテルを利用してくれて、不渡りを出さずに済んでいる。この体験の後、彼は「神様の名のもとで活動している人たちのために少しでも役立てば」と考え、自分のレストランやモーテルを利用した牧師からお金を受け取らなくなっている。

多くの善行をしたカーネルであったが、一方で「自分が死んでも神様は面倒を見てくれないかもしれない」と本気で悩んでいたこともある。彼は人の名前をまともに呼ぶことがめったになく、いつも皮肉って呼んだりしていたような、自他ともに認める毒舌家だったようである。「英語にこんなに多くの悪態をつく言葉があるのを、カーネルと話をしてはじめて知った」という人がいたくらいだから、相当の毒舌家だったのだろう。カーネルによると彼の毒舌は、一〇代の頃サザン鉄道で働いていた時に覚え、年をとるにつれて磨きがかかっていったそうである。

いくつになっても毒舌をやめることができなかったので、カーネルはそのことをずいぶん気にしていたようである。特に神様のことまで軽々しく悪態をついていたことについては、「死んだらきっと神様から罰を受けるだろう」とまじめに悩んでいた。

だが、カーネルは七九歳のときに教会で「もう毒舌を使わない」と誓い、「やっと肩の荷が降りた」と言っている。毒舌を使わなくなったことで「自分が知っている単語の半分が使えなくなった」そうである。

ただし、長年の習慣はそう簡単に治るものではない。彼はそれからもたびたび悪態をついてしまい、そのたびに神様の許しを求めていたのであった。

カーネルの神様に対する思いは、子供の頃母親に連れられて、毎週日曜日に教会に通っていた影響もあり、「神様を裏切るような行為をすれば罰が下され、神様が喜んでくれるようなことをすれば守ってくれる」と信じていたようである。カーネルにとって神様は絶対的な存在というよりも、自分の行動の基準であったといえるだろう。彼は晩年のインタビューで「お棺の中に入るときになってから、神様に天国に行けるようにお願いしても遅い。生きているうちに神様が喜んでくれることをしなければならない」と語っている。

また自伝の中でも「何をするにしろ、神様が味方してくれないようなやり方をして、うまくいくはずがない。ビジネスにしても、神様が応援してくれないようなものが成功するはずがない。多くの人がこのことに気がついていないのは残念だ」。「どんなに苦しいときでも神様に敬意をもつことを忘れずに生きていれば、必ず神様が救いの手を差し伸べてくれる」とアドバイスをしている。

一九五二年、カーネル・サンダースは六〇歳をすでに越えていた。コービンに移ってきてからの二〇年以上の間は、火事でレストランとモーテルが全焼した時期を除けば、すべてが順調だったといえる。

特に一九四一年にサンダース・カフェを再建してからの一五年間は、カーネルは人生の実りの時期を迎えて、それを満喫しているかのようである。サンダース・カフェの繁盛ぶりが噂になり、「一六万四〇〇〇ドルで買い取りたい」という人まで現れている。かなりいい条件であるが、この金額がどれくらいのものなのかは後でわかる。もし、神様が存在して、一人一人の人生の筋書きを書いているのならば、神様はカーネルの人生についてここまで書いてから「さて、これから先どうするべきか」と決めかねてしまったのではないだろうか。

先にも述べたように、カーネルはすでに六〇歳を越えている。引退してもおかしくない年齢である。神様は「カーネルをここで引退させるべきか」迷ったので、「好条件でサンダース・カフェを買い取りたい」という申し出をカーネルの前に出して、その申し出を受け入れて引退するかどうかの選択をカーネルにさせたのかもしれない。

ここでカーネルがレストランを売って引退することを選んだとしたら、それから先のストーリーは、あまり興味深いものにならずに、神様も楽だったことだろう。しかし、カーネルはサンダース・カフェを売る気はまったくなく、再三の申し入れを断っている。

神様はカーネルの人生について、これから先も書かなければならなくなったわけである。そこで神様はこのストーリーを「自分が書いた物の中の最高傑作の一つにしよう」と思ったのかもしれない。この直後からカーネルにふりかかってくる出来事は、あたかも神様が自分の作品の最高傑作の主人公として、カーネルがふさわしいかどうかを試していたようでもある。

神様の仕業かどうかはともかくとして、この後、サンダース・カフェは、カーネルが夢にも思わなかったような方向へと導かれていくのであった。それは六〇歳を過ぎたカーネル・サンダースにまたしても突然に襲ってきた、彼の人生における最大の危機でもあった。そしてその試練と戦っていくうちに、カーネルの人生は自分でも予想もしなかったような展開へと進んでいくのであった。

第４章

六五歳からの再出発

売上げ激減

話は一九五〇年代に入っている。五〇年代のはじめというと、長かった第二次世界大戦が終わって間もないころで、大恐慌、世界大戦と続いたトンネルをようやく抜け出し、アメリカに活気が戻ってきていたころである。フィフティーズ、アメリカが最も華やかだったといわれる時代の幕開けである。

アメリカ中の道路も、この時代に近代化されている。当時の第三四代アメリカ合衆国大統領アイゼンハワーが、「戦勝国のリーダー、アメリカ」、「富める国、アメリカ」を象徴するように、国中に近代的なハイウェイを張り巡らす計画を進めていたのだ。

人々は、アメリカ中に新しく建設されているハイウェイとともにやってくるであろう新しい時代に胸を躍らせ、アメリカと自分たちの暮らしの将来に大きな期待を寄せていた。

もちろんケンタッキー州も例外ではない。州内の道路が整備され、新たなハイウェイの建設が計画されていた。

道路といえば、コービンにあったサンダース・カフェが、どのような場所に位置していたか覚えておられるだろうか。ケンタッキー州を横断していて、交通量の多い国道二五号線沿いである。しかもレストランが建てられていた場所は、そこから別の道路が分かれて出ていて、分岐点になっている場所である。国道を走ってくる車からは、あたかも道の真ん中にサンダース・カフェがあるように見えたわけである。レストランに限らず客商売をするには絶好の場所といっていい。

サンダース・カフェが繁盛した理由は、カーネルが作る美味しい料理と徹底したサービスによるところが大きいが、レストランが立地条件に恵まれていたことも確かである。サンダース・カフェのお客の中には、国道二五号線を利用するトラックドライバーや旅行者が多かったのである。いってみれば国道二五号線は、サンダース・カフェの生命線だったわけである。

ところが一九五〇年代に入ると、先に述べたアイゼンハワー大統領の政策の影響で、国道二五号線の事情が大きく変わりだした。

まず国道二五号線に、新たに迂回路が作られた。その影響でサンダース・カフェの前を通る車の数が激減してしまった。当然、サンダース・カフェに立ち寄る客も減りだし、店の売上げは大幅に落ち込んでいったのである。

こうなると、サンダース・カフェが一四二席の大きなレストランだったのが、あだとなってきた。店の規模が大きいだけに、簡単に環境の変化に適応することができなかったのだ。その大きさゆえに滅んだとされる恐竜と同じである。レストランのサイズが大きければ大きいほど、経営を続けていくためには、多くの従業員が必要になってくる。たとえ売上げが減っていっても、ウェイトレスやシェフの数を減らすわけにはいかなかったのだ。人件費だけに限らず、入るお金が減っても、出るお金を減らすことは容易なことではなかった。

カーネルはどうしたらいいのか、解決策が見つけだせずにいた。いたずらに月日だけが流れ、その間にも売上げはどんどん落ち込んでいった。店を手放すことも考えたが、事情が事情だけに、買い手を見つけることは簡単なことではなかった。皮肉にもカーネルが迂回路ができることを知ったのは、「一六万四〇〇〇ドルでサンダース・カフェを買い取りたい」という再三の申し入れを断った直後のことだったのである。

さらに、窮状のカーネルに追い打ちをかけるように、迂回路ができてから一年も経たないうちに、今度は国道二五号線に代わるハイウェイ、国道七五号線が建設される計画が発表された。しかもこの新しく作られるハイウェイは、コービンの町を通り抜けて作られる計画だった。

迂回路ができたことで、売上げは、最終的には全盛期の半分にまで落ち込んでいた。ハイウェイ建設の計画を知ったとき、カーネルは、それがサンダース・カフェにとって何を意味するのかわかっていた。

「もし、人生において神の助けが得られるときがあるのなら、私はまさにその時に直面していた」とカーネルは当時の心境を語っている。

　だが、ハイウェイの建設が計画されたことは、そのことが原因となり、これからしばらくしてからカーネルがケンタッキー・フライド・チキンを始めて、結果的に大成功を収めることを抜きにしても、考えようによってはカーネルに幸いしたといえる。なぜならば、とどめをさされて「あきらめがついた」からだ。

　またハイウェイができる前に迂回路ルートが作られて売上げが落ち込んだことも、皮肉な言い方かも知れないが、カーネルにとって不幸中の幸いだったといえる。そのおかげで、店の前を通る国道の交通量がいかに影響するかを実感することができたからである。

　カーネルも自伝の中で「もし、ハイウェイが建設されなかったら、おそらく私はケンタッキー・フライド・チキンを始めなかっただろう」と言っている。何が幸いするかわからないものである。

　ハイウェイの建設を知ったカーネルは、「ズルズルとレストランを続けたとしても、借金が増えるだけだ。ハイウェイができる前にレストランを売ってしまおう」と決心したのであった。

　それまでの二五年間かかって作り上げてきた、サンダース・カフェを手放す決心をしたカーネル・サンダースは、そのあとの自分の人生について考えた。

「もう一度他の場所でレストランをやろうか」と思った。だが、一〇年以上前に火事でレストランとモーテルを失い、レストランを再建したときとは事情が違う。あのころカーネルはまだ五〇歳だった。焼失だったので保険もおりた。銀行もレストラン再建のためにお金を貸してくれた。そして何よりもレストランを建てるのにはこの上ない、交通量が多い国道沿いの分岐点という条件の場所があった。十数年前にやったことを、もう一度やることは不可能と言えた。

「すでに自分の時代は終わってしまったのか」。カーネルは建設中の新しいハイウェイを見ていると、同じように自分の時代が終わり、新しい時代が始まろうとしていることを、感じずにはいられなかった。

これまでの人生で何度となく逆境に見舞われながら、そのたびにそれを乗り越えてきたカーネルも、自分が置かれている状況や年齢のことを考えると、今度ばかりは「引退」という言葉が頭をよぎったに違いない。カーネルは、自分の年齢に達したほとんどの人と同じように、自分も年金をもらい余生を送ることを考えざるをえなかった。自分に残された道がそれしかないようにも感じられた。

だが「今までとどこおることなく支払い続けてきたのだから、暮らすのには困らないくらいの額は支給されるだろう」と考えていた、日本の年金にあたるソーシャル・セキュリティ・チェックが、月に一〇五ドルしかもらえないことを知り、カーネルは愕然となった。

残された選択

「まだ自分にできることが残っているのではないか」。六〇歳を過ぎてから生きる道を失いつつあったカーネルだったが、彼が再び可能性を探し始めるようになるまでには、それほど長い時間は必要としなかった。

挫折と、そこから立ち上がることを、自分の人生で繰り返してきたカーネルの心には、「どんな状況に置かれようと自分からあきらめることはしない」という不屈の魂が宿っていたのだ。

一〇代の頃から人の倍働き、幼いときに「中途半端な仕事をしない」と誓ったことを守り、いつも一所懸命働いてきた体が、休むことを許さなかったのかもしれない。この時カーネルは「何か自分にできることを見つけて生涯働き続ける」と自分自身に誓っている。

「フライドチキンだ！」と自分に唯一と言っていい残された財産が、サンダース・カフェで最も人気があった、自分が考えだしたフライドチキンの料理であることに、カーネルは気づいた。「コービンであれほど人気があったのだから、他でも売れないはずがない」と確信したのである。

だが、そこからが問題だった。フライドチキンを自分で売るようにするには、またレストランが必要になってくる。でも、もう一度レストランを始めることは考えられなかった。

「自分のレストランを持たずに、フライドチキンでビジネスをするには、どうしたらいいか」。カーネルは数日間考え抜いた。そして辿り着いた結論は、「自分のフライドチキンの作り方を他のレストランに売る」ということだったのである。「他にはない美味しいフライドチキンを、自分のレストランのメニューに載せたいと思う人が必ずいる」と思ったのだ。

これまでカーネルが逆境から脱出するとき、または飛躍するときに、常にその糸口となったのは「どうしたら他の人に喜んでもらえるか」という考えが基本にあった。そして今回も、カーネルのその姿勢が、彼を「人生最大の難関」から抜け出すヒントを与えてくれ、さらに「人生最大の成功」へと導いてくれたのである。

こうしてフライドチキンに可能性を見いだしたカーネルであったが、まだ考えなければいけない大きな問題が少なくとも二つはあった。一つ目は「どうしたら収入に結びつけることができるか」ということだった。

レストランの主人がカーネルのフライドチキンを気に入り、自分のレストランのメニューに載せることを希望したとしよう。作り方を教えることもできる。だが、それをどうやって自分の収入に結びつけるかが問題だった。

「どこにでもあるチキンという食材を使い、入手不可能というわけではないハーブとスパイスを使い、これまたどこででも手に入る圧力釜を使って料理する方法を教えて、はたして収入になるだろうか。作り方を教えたときにお礼をくれたとしても、その後も収入に結びつけるようにするのは、難しいのではないか」と思い、あきらめてしまうのが普通だろう。

意外に思われるかも知れないが、カーネルはこのことについては悩まなかった。その理由を一言でいうと、彼は「自分が考えだしたフライドチキンの味に絶対の自信をもっていた」からである。圧力釜があればフライドチキンは作れる。だが油加減や圧力の度合い、調理時間をピッタリと合わせ、油っこくなく、やわらかくて味が染み透ったフライドチキンは、一度教えたくらいで作れるものではなかった。またスパイスの調合具合も絶妙であり、真似ができないものだったのだ。

「長年にわたる研究と試行錯誤の末、ようやく完成することができたイレブンスパイスのフライドチキンの味は、誰にも真似することができない」という自信が、カーネルにはあったのだ。

「フライドチキンのノウハウを売っていこう」と最初の大きな問題の解決策を考えだしたカーネルであったが、解決しなければならない大きな課題は、もう一つあった。それは「どのようにして、自分のフライドチキンをレストランに紹介していくか」ということだった。

フライドチキンそのものは、特にめずらしい料理ではない。ケンタッキー州にあるほとんどのレストランが、「サザン・フライドチキン」をメニューに載せている。カーネルは「自分のフライドチキンが、他にはない美味しいものであることを理解してもらうためには、実際に食べてもらうしかない」と思った。だがどうやって……。

食べてもらえばわかる

カーネルは自伝の中で「六〇歳を過ぎてからの自分の人生を、大きく変えた出来事が二つあった。ひとつはハイウェイの建設で、もう一つはピート・ハーマンと出会ったことだ」と言っている。

「サンダース・カフェを手放した後に、イレブンスパイスのフライドチキンの作り方を広めていきたい」というカーネルの強い思いが天に通じたのか、彼は、以前シカゴのコンベンションで出会い、意気投合したピート・ハーマンと運命の再会をしている。

ピートとの再会は、カーネルがめずらしく教会のコンベンションに参加したことにより実現した。普段、カーネルは教会の集まり等には、あまり参加していなかったという。忙しくて参加する時間がなかったこともあるが、集会自体にもあまり興味を持っていなかったようである。だが、このときは「集会に一緒に参加する牧師たちと話をして、助言を得たい」と思ったから、参加することにしたのだという。この時カーネルが置かれていた状況を考えれば、彼の心境も理解できる。

そして、「ついでにソルトレイクシティに住んでいるピートに、ひさしぶりに会ってこよう」と思いついたのだ。さっそく電話をすると、ピートも喜んでカーネルを招待してくれた。

まだこの時点では、カーネルはピートにフランチャイズの話をすることは、考えていなかったようである。少なくともピートには何も話していなかった。

ピートの家につき、しばらく話をしているうちにカーネルは「ピートにフライドチキンの話をしてみよう」という気になった。ピートはソルトレイクシティで『ハーマンズ・カフェ』というハンバーガーショップを、カーネルが一四二席のサンダース・カフェを再建した同じ年の、一九四一年から経営していた。「ピートがフライドチキンを広めていくアイデアに賛成してくれたら、これほど心強いものはない」とカーネルは思ったのだ。

だが、ピートは以前コンベンションでフライドチキンの話をしたときには、ほとんど興味を示さなかった。カーネルは「自分のフライドチキンは、実際に食べてもらわないとおいしさをわかってもらえない。まず、食べてもらって話はそれからだ」と、ピートの家でフライドチキンを作ることを思いついた。

「この近くにとても美味しいものを食べさせてくれるレストランがあるから、ディナーはそこに連れていくよ」。カーネルの思いを知る由もないピートは、そう言って夕食に誘った。

「それもいいけど……。どうだろう、外に食べにいく代わりに、招待してもらったお礼として、私が自慢のフライドチキンを作って、ご馳走するというのは。おいしいぞ！」とカーネル。カーネルとしては、夕食で自分のフライドチキンをピートに食べてもらわなければ、チャンスはもうない。

ピートと彼の奥さんは、「ここまで来て料理することはない」と再三一緒に外に食べにいくことをすすめたが、カーネルはここで譲るわけにはいかないので、「自分がフライドチキンを作る」と言い張った。

ピートは、カーネルの申し入れをあまり歓迎しているようではなかった。彼にしてみれば、ひさしぶりに再会した友人と一緒に食べる夕食なのだから、高級な料理とはいえないフライドチキンよりも、自分が気に入っているレストランに連れていきたかったのだろう。だが、カーネルが考えを変えそうにないことに気がついたピートは、最後には「それじゃあそうしようか」とカーネルが夕食を作ることに同意したのだった。

ピートがあまり乗り気になっていないのは、カーネルにも感じられたが、それには気がつかない振りをして、カーネルは用意を始めた。当然のことだが、カーネルは圧力釜やスパイスを持ってきていない。

「それでは。と。圧力釜は持っているかい」とカーネル。

ピートの家にある圧力釜は長い間使われずに、どこかにしまったままになっていた。ピートと彼の奥さんとカーネルの三人で、キッチンを探したが見つからない。探すのをあきらめたピートは、自分のレストランから持ってくることにしたのだった。

ハーブとスパイスは、ピートの家にあるものを用意してもらった。足りないハーブやスパイス、それにチキンは、ピートの兄が経営する近くのマーケットに買いに行き、そろえることができた。

圧力釜、スパイス、チキンと必要なものは、どうにかそろえることができたが、ここからもカーネルは悪戦苦闘した。彼はいままで、火力の強いレストランのコンロでしかフライドチキンを作ったことがなかった。ピートの家にあるのは、家庭用の小さなコンロが二つあるだけだったのだ。火力の弱い家庭用のコンロでは、圧力釜の圧力が思ったように上がらない。レストランで作れば、圧力釜に入れてから数分でできあがるのに、一時間たってもできあがらない。だが、自分の納得がいくものができるまで何時間かかろうと、カーネルは妥協するわけにはいかなかった。

カーネルが料理を作り始めたのは、夕方の六時前だった。ピートは「たかがフライドチキンだからすぐにできるだろう」と考えていた。だが、一時間待っても二時間待ってもできあがってこない。お腹を減らしたピートは「フライドチキンになんでこんなに時間がかかるのだろう」と思い、「どんな具合？」と言いながらキッチンに様子を見にきた。

「もうすぐできる。これを一度食べたら骨まで残さず食べるようになるぞ！　もう少し待っててくれ」とカーネル。だがこの時点では、レストランで作るようなフライドチキンがいつになったらできるか、彼にも見当がつかなかった。

結局、フライドチキンができたのは、一〇時を過ぎてからだった。カーネルは四時間近くもフライドチキンを作り続けていたのである。ただし妥協せずに料理した甲斐があり、サンダース・カフェで作っているような、黄金色に揚がった香ばしい匂いのするフライドチキンができあがった。ピートがダイニングルームのテーブルの上をセットアップして、カーネルがフライドチキン、マッシュドポテト、それにグレービーを載せた皿を運び、ディナーの準備が整った。

お腹を減らしたピートと彼の家族がすでに座って待っているテーブルに、最後にカーネルがつき、ようやく遅いディナーが始まった。

テーブルについた後、カーネルの視線はピートと奥さんから離れない。もちろん彼らのフライドチキンへの反応を確かめるためだ。だが、カーネルが二人の反応に確信をもてるようになるまでに、それほど長い時間を必要としなかった。

フライドチキンを一口、二口と食べ始めたハーマン夫婦の表情がたちまち和らぎ、その後二人はお互いの顔を見てうなずき合ったのだ。

「カーネル。さっき君が一度食べたら骨まで残さず食べるようになるぞ、といった意味がわかったよ」。皿の上のものをきれいに平らげた後でピートはこう言った。

食事の後、カーネルは、彼らにフランチャイズ計画について話し始めた。二人は興味深く聞き入っているようだったが、その晩、ピートは具体的なことについては何も言わなかった。

だが、一つだけピートは、「フライドチキンの名前は『ケンタッキー・フライド・チキン』がいいと思う」と言った。ピートはそれまで一度もケンタッキー州を訪れたことがなかったが、彼がケンタッキー州に抱いていた「サザン・ホスピタリティ」（アメリカ南部特有の人をもてなす心）のイメージが、カーネルの真心をこめて作り上げたフライドチキンの味の名前にピッタリだと思ったからだ。カーネルもこの名前がたいへん気に入り、大喜びで賛成した。

翌朝になり、カーネルは、ピートがフランチャイズビジネスに興味をもってくれたかどうかを聞き出せないまま、教会のコンベンションに参加するため、ピート家を後にしている。

契約第一号

「一緒にソルトレイクシティのピートの所へ行こう」。教会のコンベンションから帰ってきたカーネルは、こう言ってクラウディアを誘った。二週間前、ピートが自分のフライドチキンの味を気に入ってくれていたのはわかっていたが、フランチャイズの話には、カーネルが期待していたような答えを聞くことができずにいた。カーネルはもう一度ピートと会い、説明し直してみようと思ったのだ。

この時カーネルは駅からタクシーを使わずに、路面電車を乗り継いでピートのレストランまで行ったことをいつまでたっても憶えていた。その理由は、次に紹介するように路面電車を使ったことにより、印象深い思い出ができたこと、そして、サンダース・カフェの売上げが落ち込んで、お金を少しでも節約しなければならなかった、当時の自分の置かれていた状況が忘れられずにいたからだ。

カーネルを乗せた路面電車がピートのレストランに近づくに従い、カーネルは自分の顔つきが変わっていくのが、自分でもわかったという。彼はピートのレストランが、二週間前に来たときとは違っていることに気がついたのだ。

レストランが見え始めてすぐに、店の窓が赤くなっていることにカーネルは気がついた。店に近づくに従い、窓が赤くなっているのではなく、赤いペンキを使い、それまで自分が見たこともないような巨大な字で、窓に何かが書かれているのがわかった。続いて書かれている文字が、だんだんはっきりと『Ｋｅｎｔｕｃｋｙ　Ｆｒｉｅｄ　Ｃｈｉｃｋｅｎ』と読めるようになると、カーネルは嬉しさのあまり、もう少しで走っている路面電車から飛び降りるところだったそうである。

再会をしたピートは、二週間前とは別人のように、フライドチキンビジネスに対して情熱的になっていた。

ピートはチキン一ピースにつき四セントを払う条件で、カーネルとフランチャイズ契約を結んだ。こうしてケンタッキー・フライド・チキンという名前とともに、最初のフランチャイズが誕生したのである。

サンダース・カフェ売却

一九五六年、カーネル・サンダースは、この年六六歳になろうとしていた。コービンの町を通り抜けるハイウェイ七五号線はすでに完成しており、カーネルはこの年、いよいよサンダース・カフェを手放すこととなった。

ハイウェイの建設が発表されてから、カーネルはずっとレストランの買い手を探していたのだが、立地条件の魅力がなくなったサンダース・カフェに興味を持ってくれる人は、とうとう現れなかった。

「一日も早く売らなければレストランの価値がどんどん下がっていく」と感じたカーネルは、最後の手段としてサンダース・カフェをオークション（せり）にかけることにしたのだ。オークションでついた値段は七万五〇〇〇ドルだった。

かつては倍以上の一六万四〇〇〇ドルで「どうしても売ってほしい」と言う人がいたレストランだったが、カーネルはためらうことなく七万五〇〇〇ドルで売ることにした。

彼は以前、大恐慌と旱魃《かんばつ》の影響で、ニコラスビルのガソリンスタンドを手放したときに、ほんの一カ月前に四五〇ドルで買った起重機が、二〇〇ドルでしか売れなかった経験から、物の価値が一夜にして変わってしまうことを痛感していたのだ。

レストランを売り、そのお金で税金と未払いの代金等を清算した後、カーネルの手元にお金はほとんど残らなかった。

六五歳にして、二五年間続けてきたレストランと全財産を失ったカーネル・サンダースであった。だが、彼は落ち込んではいなかった。カーネルの頭の中は、ケンタッキー・フライド・チキンのことで一杯で、過ぎてしまったことを振りかえる時間も余裕もなかったのである。

寝床は車、食事は見本のフライドチキン

「自分のフライドチキンを他のレストランのメニューに載せてもらうようにするには、まず食べてもらい、おいしさを知ってもらうことが必要」。ピートとの経験からカーネルはそう実感した。そして、そのためには、自分で一軒一軒レストランを訪ね歩いていく以外に、他の方法は考えられなかった。

カーネルは「さて、また始めるか」とつぶやき、中古のフォード車に圧力釜と調合されたスパイスを入れたビンを載せ、コービンの町を後にしたのであった。

旅に出たカーネルは、見込みがありそうなレストランを見つけては、中に入りオーナーと交渉を持とうとした。だが、見知らぬ老人の話を真剣に聞こうとしてくれる人は、なかなか現れなかった。

何軒かを訪れてカーネルは、「レストランの営業中、特に忙しい時間帯に行ってもなかなか相手にしてくれない」と気がついた。考えてみれば当たり前のことだが、夢中でやっている本人は「当たり前のこと」にもなかなか気がつかないものだ。

そこでカーネルは、ランチタイムが終わった頃を見計らって訪ねるようにした。今度はウェイトレスと話すことができるようになったが、なかなか店のオーナーをつかまえることができない。カーネルのことをお客と勘違いして、オーナーが出てくることもあったが、売り込みだとわかると態度が変わり、追い返されたりもした。

なかなか結果のでないカーネル。今度はお客と間違われないように、正面から入っていかずに、最初から従業員用の裏口にまわってみた。これでようやく店のシェフやオーナーと話す機会が持てるようになり、フライドチキンを試食して、その味を評価してくれるレストランも出てきだしたが、どのレストランもカーネルのフランチャイズのアイデアには、なかなか首を縦に振ってはくれなかった。

この間カーネルは費用節約のための車中泊を繰り返し、口にするものは見本で作ったフライドチキンだけだったこともめずらしくなかったという。すでに六〇代の後半に入っていたカーネルにとって、この強行軍は、まさにケンタッキー・フライド・チキンの味つけ同様「骨身にしみる」ものだったに違いない。

カーネルが自伝の中で「この時私は『神よ。どうか私のフランチャイズのアイデアを成功へと導いてください。そうしたら、あなたの取り分を渡します』と真剣に祈った」と言っていることからも、当時の彼の心境がうかがえる。

努力も虚しく、契約は一向に取れない。ただしカーネルにあきらめる気はまったくなかった。彼は自分のフライドチキンの味を信じていたし、自分に残されている選択が他にはないことがわかっていたのだ。また、ピートが後のインタビューで「カーネルは、ケンタッキー・フライド・チキンのおいしさとビジネスを多くの人と分かち合うことが、自分に課せられた使命と感じているようだった」と語っているように、カーネルはこの仕事に強い使命感を持っていたのだった。

理解者

苦戦を続けるカーネルにとって心の大きな支えとなったのが、ソルトレイクシティのピート・ハーマンが自分の考えを理解してくれ、すでにフランチャイズ契約をしてくれていたことだった。

「ピート・ハーマンが理解を示してくれ、最初のフランチャイズ契約者となってくれたことが大きかった」とカーネルも自伝の中で言っている。

この後ピートは、自分のレストランで、イレブンスパイスのフライドチキンを本格的に売り出すために、精力的に動きはじめたのだ。彼は、まずソルトレイクシティの街に、一二〇を越えるケンタッキー・フライド・チキンの看板を出している。さらに地元のラジオでも頻繁にコマーシャルを流し始めた。三〇分おきにラジオからコマーシャルを流した時期もあったそうである。

ラジオに関しては、おもしろいエピソードが残っている。ピートはラジオ局に頼み、当時人気のあった一時間のトークショーの中に、「五分間だけ」という約束で、番組の中でカーネルにインタビューをしてもらうようにしたのだ。それにもかかわらず、担当の女性アナウンサーが、カーネルの話を聞けば聞くほど興味を持ってしまい、気がついたら一時間のトークショーが、すべてフライドチキンの話で終わってしまったというのだ。

カーネルにとって、これがマイクに向かって話すはじめての機会だったらしいが、彼がここまで辿ってきた道のりを考えると、アナウンサーが話に夢中になってしまうのも、わかるような気がする。

こうしてレストランビジネスの経験が豊富で、資金や地元とのつながりもあったピートは、その後も積極的にケンタッキービジネスを広げていったのである。

三〇年ほど後の話になるが、この最初の理解者、ピート・ハーマンはコロラド、カリフォルニアなど各州に渡って二百数十店を運営するまでになり、ケンタッキー・フライド・チキン最大のフランチャイジーとなっていくのである。

カーネルの言葉通り、ピート・ハーマンの存在を抜きにして、ケンタッキー・フライド・チキンの成功を語ることはできない。ピートがいなかったら、もしかしたらケンタッキー・フライド・チキンが誕生していなかった可能性さえある。少なくとも別の名前になっていたことは確かである。

ピート・ハーマンは後のインタビューで「ビジネスで成功する秘訣は？」と聞かれたとき「それは人だ」と即座に答えている。その言葉どおり、彼は人間関係をとても大事にしていた。彼の人柄にひかれ、彼のもとで親子三代にわたって働いている家族や、二〇年、三〇年と続けて働いている人が大勢いる。これはアメリカ社会では非常にめずらしいことである。

ピートと知り合えたこと、そして彼が最初の理解者になってくれたことは、カーネルにとって「幸運なこと」であったと言える。だが、カーネルの「他の人を喜ばせたい」と常に考えている人柄が、ピートとの出会いを生み、そしてその後の物語を作っていったともいえるのではないだろうか。ピート・ハーマンも「カーネルのサザン・ホスピタリティが作り上げたフライドチキンが、私の運命を変えた」と言っている。

夢を追い求めた日々

ピートが本格的にビジネスに取り組み始めたことにより、カーネルのフランチャイジー探しにも弾みがついた。彼はまず、ピートのレストランがあるユタ州とカリフォルニア州、オレゴン州など、アメリカ西部を優先的にまわり、興味を示したオーナーには、ピートのレストランを見にいくように勧めた。ピートのレストランをケンタッキー・フライド・チキンのモデルレストランにしたのだ。

カーネルはレストランへのアプローチも工夫を凝らしていった。彼は見込みがありそうなレストランを見つけるとオーナーと掛け合い、昼の忙しい時間帯が過ぎた後か、店を閉めた後に、従業員の食事のためにフライドチキンを作らせてもらうようにしたのだ。

そして店のオーナーと従業員が気に入ってくれたら、カーネルはもう二～三日滞在して、今度はお客に食べてみてもらうことをオーナーに提案していったのだ。このアイデアは多くのレストランで受け入れられた。

次にカーネルは、妻のクラウディアと一緒にレストランをまわることを思いついた。カーネルがチキンを揚げている間にクラウディアが、レストランの中でサービスすることにしたのだ。

カーネルは、クラウディアがレストランで着るために、かつて南部上流社会で好まれたコロニアル風のロングドレスを買っている。このドレスが一三五ドルしたことをカーネルはいつまでたっても憶えていた。当時のカーネルとしては、よほど思い切った「投資」だったのだろう。クラウディアはこのドレスを着て、お客を入り口のところで出迎え、席に案内し、そしてフライドチキンを説明していったのだった。

一方、カーネルも料理を作り終わってからダイニングルームに行き、お客と話をするのを楽しみにしていた。料理を作り終えたカーネルはエプロンをはずし、ポケットからナプキンを取りだし、ズボンに付いている小麦粉を払い落としてから、用意しておいたチョッキと蝶ネクタイを着てダイニングルームに出ていくのだった。そしてフライドチキンを注文したお客のテーブルのところへ行き、「お味はどうですか」と聞いて回ったのである。カーネル・サンダースの白い上下のスーツに蝶ネクタイというおなじみのスタイルは、このころから始まったのである。

このショーつき販売方法は、かつて、開拓時代に人気を呼んだ薬売りが行なっていた方法を思い出させるもので、どこに行ってもやんやの喝采で受け入れられた。クラウディアによると、「まるでレストランの中にサーカスがやってきたみたいな賑わいだった」そうである。

カーネルは当時のことを振り返り「お金がなかったので、広告などを出すかわりに、自分たちがレストランでショーをやり、お客を楽しませることにした。この他にも、自分に考えられるありとあらゆることをした」と語っている。

こうして一軒、また一軒とフランチャイズ契約を結んでくれるレストランを見つけていったカーネルであったが、もちろん断られたレストランのほうが何倍も多い。

カーネルは、最初大きめのレストランをターゲットとしていたが、軒並み断られている。レストランの規模が大きくなればなるほど、オーナーに会うのが難しくなったこともあるが、たとえ会えたとしても、大きなレストランのオーナーというのは、自分のオフィスで葉巻をふかしているような人がほとんどで、料理の知識はあるが、自分で料理を作っている人はあまりいなかった。彼らは料理の本に載っていなく、聞いたこともないカーネルのフライドチキンには興味を持たなかったのだ。

そんなレストランの一つで、オレゴン州のポートランドのあるレストランでのこと、カーネルがレストランのオーナーに会いにいくと、そのオーナーは自分のレストランにある巨大なシャンデリアなど、自慢話ばかりして、フライドチキンの話は聞こうともしなかったという。しかし、この後まもなくして、このすぐ近くの小さなレストランが、フランチャイジーとなり、この店は数年後には、年間数百万ドルもの売上げを出すレストランになったそうである。

また、カーネルのほうから契約を断ったレストランもあった。イリノイ州のあるレストランより問い合わせがあり、カーネルはクラウディアを連れて、その店に出向いていった。約一〇〇〇キロの車の旅である。

レストランに着いてすぐにカーネルは「無駄な旅をしたかもしれない」と思ったという。着いたときはすでに夜になっていたので、カーネルは裏口にまわり、こっそり中を覗いてみた。思った通りキッチンの汚れかたがひどかったので、カーネルは話もせずにそのまま引き返している。カーネルは、自分の料理を提供するのにふさわしい清潔なレストラン以外とは、決してフランチャイズ契約を結ばなかったのだ。

フランチャイズ

カーネルがフランチャイジーとなるレストランと、どのような契約を結んだのか、ここで触れておこう。

彼はまず圧力釜、タイマーなどのセットを三五ドルでフランチャイジーとなるレストランに買ってもらうことにしていた。圧力釜は、メーカーや種類によって性能がまちまちだったので、レストランによってフライドチキンの味が変わらないように統一したのだ。

フライドチキンの調理方法を教えるのには、カーネルが相手のレストランに出向き、三日間かけてトレーニングしていた。

味の決め手となるスパイスは、中身を秘密にするために自分の家で調合し、できあがったものだけを渡すことにしていた。そして、チキンが一ピース売れるごとに、数セントをロイヤリティとして受け取る契約を結んでいたのだ。どれぐらい売れたかは、スパイスの減り具合で見当がつくし、ロイヤリティはスパイス代も含まれているので、相手も納得するはずである。

この「独自のノウハウを提供してロイヤリティを得る」という、カーネルの新しい考え方は、まさにフランチャイズのはじまりとなるものであった。

フランチャイズに関して少し話をしておこう。第2章で紹介したように、一九三〇年代がファースト・フード形式レストランの創世期だとしたら、一九五〇年代はフランチャイズビジネスの創世期だといえる。フランチャイズ業界のもう一つの巨人、マクドナルドも一九五〇年代にイリノイ州に誕生している。

「フランチャイズ」という考えは、ファースト・フード・タイプのレストランを急速に世の中に広めていった。ケンタッキー・フライド・チキンが誕生してからわずか一五年後には、二万五〇〇〇店ものファースト・フード・レストランが、アメリカ中に出現している。そしてさらに一〇年後の一九八〇年代に入ると、その数は倍の五万店となり、売上げに至っては一〇年間で三倍にもなっているのである。

アメリカ人の外食の三分の一がファースト・フードとなり、一二歳以上のアメリカ人の九〇%以上が、月平均して九・二回もファースト・フードで食事をしている計算になる。

フランチャイズという考えが生まれる前にも、チェーン店で店舗数を増やしていたファースト・フード形式のレストランは、いくつかあった。だが、チェーン店では、フランチャイズのように急速に店舗数を増やしていくことができなかったのである。

その代表的な例としてあげられるのが、一九二一年にビジネスを始めたハンバーガー・チェーンの『ホワイト・キャッスル』だ。フランチャイズ展開をしなかったホワイト・キャッスルは、六〇年間かけても、一七五店舗を出すのがやっとだった。地域的にもアメリカ中西部だけにとどまっている。

ケンタッキー・フライド・チキンをはじめとして、多くのフランチャイズ形式のレストランが成功した第一の理由は、提供する食事の内容や料理のプロセス、さらにサービスなどあらゆることをシステム化することにより、清潔でサービスの行き届いたレストランで、おいしいものを安く、早く提供できるようにしたことだ。

そしてフランチャイズ・レストランが、これほど早く世の中に広がっていったもう一つの大きな理由は、カーネル・サンダースのように、アイデアさえあれば、ビジネスを広げていくのに多額の資金を必要としなかったことだといえる。個人ではもちろんのこと、企業でさえチェーン店などにより、ケンタッキー・フライド・チキンと同じように店舗を増やしていくとすると、相当の資金が必要になってくるのである。それほどの資金力のある企業は、数えるほどしかないという。

資金だけの問題ではない。たとえ資金力があったとしても、店舗を開くのに向いている場所を探したり、ビジネスを始める用意や、その後の管理をするのには、それなりの時間と労働力が必要になってくるので、数に限界があるのだ。一人一人のフランチャイジーが、ビジネスを始める用意をして、店の経営の責任を持つフランチャイズだからこそ、急速に店舗を増やすことができたのである。

もちろんフランチャイジー側にもメリットがある。一個人では経済的に不可能なテレビコマーシャルなどの宣伝ができたり、新しく店を始める場合でも、同じ名前の店がすでにいくつもあるので、ビジネスのネームバリューや人々の親近感、安心感が最初からあり、成功する確率が高いのである。

またフランチャイズ・ビジネスは、社会的にも少なからず貢献している。直接、または間接的に、多くの人に労働環境を提供しているだけに限らず、フランチャイズ・ビジネスは、その主な労働力となっている一〇代や二〇代前半の学生にとって、実社会を学ぶ最初の機会を提供してくれているのである。雇う側にとっても、必要な労働力を必要な時にシフトできるパートタイムは、有難い存在といえる。

このようにフランチャイズ・ビジネスはお客、フランチャイザー、フランチャイジー、そこで働く人間、誰にとってもメリットがあるビジネスと言えるので、短期間のうちに世の中に受け入れられてきたのだろう。

このように、カーネルをはじめフランチャイズを世の中に送りだした人の功績は、さまざまな意味で大きい。後にカーネルはその功績を称えられ「ファースト・フード・レストランの父」と言われるようになるのである。

こうしてカーネルは、一年目にして七軒のレストランオーナーとフランチャイズ契約を結ぶことができた。そしてフランチャイジーが増えてくるに従い、カーネルは三〇年近く住んだコービンの町を離れることを考えるようになる。

コービンは小さな町である。町にはトラックステーションがなかった。カーネルは、フランチャイジーにスパイスを送るのに、一〇キロ離れた隣町のトラックステーションまで行くか、夜中に駅に持っていくしかなかった。コービンから北へ向かう列車は、それ一本しかなかったのだ。カーネルがいないときは、クラウディアが夜中に起きて駅に持っていっていた。

まもなくしてカーネルは、のちにケンタッキー・フライド・チキンの本拠地となるケンタッキー州最大の都市、ルイビルに移る決心をする。

第5章

ケンタッキー・フライド・チキン

ルイビル

ルイビルはケンタッキー州の北部に位置し、オハイオ川をへだててインディアナ州と隣接している。州都ではないが、州で最大の都市である。毎年五月の第一土曜日に開催される「ケンタッキー・ダービー」が行なわれる場所として、有名な場所でもある。

トラックステーションもない田舎町のコービンでは、ビジネスを広げていくのになにかと不便になり、カーネルは、このルイビルの町に移り住むことにしたのだ。ただし、カーネルにはオフィスを構える余裕がまだない。彼はコービンの家を売り、そのお金で買うことができるなるべく大きな家を探し、そこをオフィス兼、スパイス製造工場兼、自宅にすることにしたのだった。

フランチャイズ・ビジネスは徐々に軌道に乗っていき、カーネルの忙しさも増していった。この頃になってようやく、彼は三人の助手を雇うことができるようになっている。カーネルは助手をともない、新しいフランチャイジーを探すための旅に出たり、契約をしたレストランの従業員に、フライドチキンの作り方を教えたりと、休むことなく働き続けた。カーネルとクラウディアが半月や一カ月もの間、お互いの顔を見ないこともしばしばだったという。

ようやく帰ってきても、カーネルは休む暇もなくガレージに向かい、そこでハーブとスパイスを丹念に混ぜ合わせ、秘伝のスパイスを作ることに余念がなかった。彼は、ガレージの床を念入りにきれいにして、そこをスパイス製造工場兼、スパイス貯蔵庫にしていたのだ。

フランチャイジーが増えていくに従い、当然スパイスも大量に必要になっていった。しばらく家に帰れないときなど、カーネルはシャベルを使いセメントを混ぜ合わせるように、一回に数百キロものスパイスを混ぜ合わせたのだった。

スパイスの調合は、カーネルしかできない仕事だった。カーネルは自分が考えだしたスパイスの調合方法を、長い間、自分の頭の中だけにしまっていたのだ。


話が少し本題から外れるが、この「カーネル・サンダース秘伝のスパイス」は現在に至るまで何人もの人が、使われているハーブやスパイスの種類や調合具合を研究して、カーネルが完成させたものと同じものを作ろうと試みたが、いまだに解明できた人はいない。

カーネルのいない現在では、秘伝のスパイスの調合方法は、ケンタッキー・フライド・チキンの本社の金庫の中に特別な監視のもと、厳重に保管されている。「たとえ

007のジェームズ・ボンドでも持ち出すことはできない」とケンタッキー・フライド・チキンは言っている。

　そしてこのお金では買うことができない、秘伝のスパイスの調合方法のすべてを知っているのは、絶対に内容を明かさないことを契約書に誓っている、ほんの数人の人間だけなのだ。

　現在、秘伝のスパイスは、いくつかのスパイス会社に分けられて調合されており、最終的な調合は、秘密を守るためと標準化するためにコンピュータが使われているという。


　話をもとに戻し、フランチャイジーが増えてくるにつれ、カーネルのフライドチキンはレストランオーナーの間で評判になっていき、今度はカーネルのほうからレストランを訪ねていかなくても、問い合わせが次々と来るようになってきた。カーネルは、とても一軒一軒のレストランに出向いて行くことができなくなったので、このころから相手にルイビルに来てもらうようにしている。

　遠くからフランチャイズの話を聞きに来る人も増えてきた。そのため、まもなくしてカーネルは、再度引っ越しをしている。泊まりがけで話を聞きに来る人たちのために、さらに大きい家に引っ越したのだ。

この時期、カーネルの家には、常に誰かが泊まっていたそうである。五つあったベッドルームが、満室になることも珍しくなかったという。夕食はもちろんケンタッキー・フライド・チキンである。自分のレストランを持っていなかったカーネルは、近くのフランチャイズ・レストランに案内し、そこで夕食を食べながらビジネスの話をしたのだった。

カーネルは、自分の家を訪れてくる人を家族のようにもてなしていた。カーネルの家に一晩泊まると、誰もがカーネルの昔からの友達のようになっていったという。

カーネルは、フランチャイジーになる人との関係を、ビジネスの付き合いだけでなく、「お互いが信頼しあえる」関係になることを最も大切にしていた。自分の家に話を聞きにきて、「一緒にケンタッキー・フライド・チキンをやっていこう」となった相手には、旅費もカーネルが負担していたという。

契約もカーネルにしてみれば「友人」との約束であり、「シェイクハンド（握手）」だけで十分だった。新しくフランチャイジーになったあるレストランオーナーが、「売れたフライドチキンの数をごまかすことのないように、売上げ伝票もお見せするようにしましょうか」と申し出たが、カーネルは「お互いに相手をごまかすようなことをするようでは、いずれにしろ関係は長く続かないだろう」と言って相手を納得させている。

もちろん、ごまかすフランチャイズもあったというが、カーネルは気に掛けてはいないようだったという。彼は「信頼し合う仲間」とともに、ケンタッキー・フライド・チキンの将来を見つめるために忙しくて、そんなことに気を揉んでいる暇がなかったのだろう。

こうして「美味しいフライドチキンの作り方」だけを知っていた、六五歳の老人が始めたビジネスは、始めてからわずか四年後の一九六〇年には、フランチャイジーがアメリカで二〇〇店舗、カナダにも六店舗出店し、売上げも約一〇万ドルになっていた。また、カーネルのもとで働く人間も、いつしか一七人を数えるようになり、ようやく事務所を持てるようになったのであった。

質に対するこだわり

ケンタッキー・フライド・チキンの成功は、誰にも真似できない美味しいフライドチキンと、カーネルの意欲的な活動によるものが大きいのだが、彼の料理の味やサービスの質に対するこだわりを、いっさいの妥協をゆるさず、フランチャイズ契約を結んだ店で守ってもらい、標準化していったことは見逃すことのできない重要な要素である。

フランチャイジーが増えてくると、中にはカーネルの教えたことを守らず、味やサービスが悪い店も出てきた。カーネルはその度に警告していたが、それでも聞き入れられなければ、迷うことなく契約を取り消していたという。

ある時、カーネルの仕事を手伝っていた末娘のミルドレッドから、「ひどい店を見つけた」と夜遅くに電話がかかってきた。事情を聞いたカーネルは夜を徹して車を走らせ、翌朝にはそのレストランに乗り込んでいる。

キッチンに入ってみると、案の定、自分が渡した圧力釜を使わずに、別の器具を使いフライドチキンを揚げていた。そのうえチキンも冷蔵庫に入れずに、外に出されたまま山積みにされていた。

カーネルは特に衛生面には細心の注意を払っていた。皿に着いたほんの少しの汚れも見逃さなかったという。カーネルはすぐさま圧力釜とスパイスなどの材料を車に積み込み、その後マネージャーのところへ行って、「契約は取り消しだ！」とおもむろに宣言したのだった。

カーネル自身「あまりにも完璧を求めすぎる」という声があるのは知っていたが、彼は自分が考えだしたフライドチキンが、どのように料理されるのが一番美味しいのかを知っており、それ以外のものをケンタッキー・フライド・チキンという名前で売られることに、我慢できなかったのだ。

ファースト・フード形式のレストラン誕生

ケンタッキー・フライド・チキンの本格的な躍進はこれからである。躍進の原動力となったのが、カウンターで料理を渡す、持ち帰り主体のファースト・フード形式のレストランを取り入れたことだといえる。

このアイデアを最初に思いついたのは、娘のマーガレットである。レストラン経営を望まなかった彼女は、持ち帰り専門の店を作ることをカーネルに提案したのだ。話を聞いたカーネルは、フロリダ州のフランチャイズを彼女にまかせることにして、ファースト・フード形式のケンタッキー・フライド・チキンを広げていくことにした。

最初のファースト・フード形式のケンタッキー・フライド・チキンは、フロリダ州北東部のジャクソンビルという町に作られた。そして、このレストランが、これから後に作られていくレストランの見本となっていったのだ。ただし、このレストランは、まもなくして改装されている。

はじめはマーガレットのアイデアを取り入れ、キッチンをガラス張りにして、注文ができあがるのを待っている人が、フライドチキンを作っているのが見えるようにしていた。だが、作り方をまねた「にせのケンタッキー・フライド・チキン」が出てくるのを恐れたカーネルは、このアイデアだけはやめさせることにしたのだ。

またこの時期に、カーネルはキッチンや調理器具の改良を繰り返し、「ケンタッキー・フライド・チキンのキッチン」を確立させている。

カーネルは、それまで前後に二つずつ配置されていたコンロを、より効率的に料理できるように、横一列に並べるようにした。できあがったフライドチキンが冷めないように、一時的に置いておく場所の温度や、それぞれの調理器具を置く場所までも決めていった。

こんなエピソードも残っている。フロリダ州キーラーゴのあるレストランが、ケンタッキー・フライド・チキンを始める直前の話である。カーネルが店の様子を見に来るというので、無理をして新しいコンロを買った。

ところがカーネルがそのコンロに火を付けてみると、どうも思ったように火力が上がらない。しばらく考えたカーネルは、何も言わないで自分の車に向かった。そしてドリルを持って戻ってきたと思ったら、買ったばかりのコンロに穴を開け始めたのだ。

結果的に穴を開けたことにより火力が上がったのだが、店のオーナーは「三年間我慢してようやく買ったコンロが壊される」とハラハラしながら見守ったそうである。

カーネルが改良した数ある器具の中で最も優れていたのが、圧力釜のフタに独特の弁を付けたことだろう。それまでは料理に使った後の釜を水につけ、圧力を弱めてからフタを開けていたのだが、この弁を取りつけたことにより、使った後すぐに釜の圧力を抜くことができるようになったのだ。

こうして改良した器具は、他のレストランにも取り入れていったので、ある調理器具製造会社は、ケンタッキー・フライド・チキンのために工場を新設したほどであった。

現在はケンタッキー・フライド・チキンに限らず、どのフランチャイズ・ビジネスでも、細部にいたるオペレーションまでマニュアル化するのは当たり前のことになっているが、フランチャイズという考え方が浸透していなかった当時は、調理器具の置く場所まで指示したカーネルのやり方に「何もそこまで」という批評もあった。

だが、カーネルは自分がイメージしている「ケンタッキー・フライド・チキンはこうあるべきだ」ということを実現するために、一切妥協をしなかったのである。

これらカーネルが改良を繰り返し完成させたキッチンは、現在でも大きな変化はなく、世界中のケンタッキー・フライド・チキンで使われているのである。

こうしてカーネルの妥協のない努力により、完成されていったケンタッキー・フライド・チキンは、徐々にアメリカやカナダの全域にわたり店舗が広がっていったのだった。

一九六三年には、レストランの数が六〇〇店を超え、売上げも三〇万ドルになり、アメリカ最大のフランチャイズ・レストランとなっている。

また、この年にはイギリスにも一軒店を出店している。これがケンタッキー・フライド・チキンが海外に出した、はじめてのレストランである。ビジネスを始めて七年目、カーネルが七三歳のときのことである。

また、この頃にカーネル・サンダースの功績を称え、かつてコービンのサンダース・カフェがあった場所に、「ケンタッキー・フライド・チキン発祥の地」というプレートがケンタッキー州知事によって建てられた。

除幕式の席でカーネルは、「このプレートが、ケンタッキー・フライド・チキンが始まった場所を意味するだけのものではなく、ここで創られた味が、守られていくことの象徴でなくてはならない。それが守られていないときは、私はこのプレートにチェーンを縛りつけて、トラックで引き抜いていく。知事、お願いがある。そのときは公共物破損で、私を訴えないとここで約束してほしい」と変わることのない毒舌を披露して、州知事や式に参加した他の人たちを驚かせた。

半分は冗談だろうが、それほどカーネルは、自分が完成させた味に自信と誇りをもっていたのだ。

まもなくして、同じ場所にケンタッキー・フライド・チキンが建てられている。ハイウェイから遠く離れた不便な立地条件にもかかわらず、「ケンタッキー・フライド・チキン発祥の地」を目印に毎日多くの人が訪れ、かつてのサンダース・カフェ以上の盛況ぶりになっているそうである。

トレーニング

トレーニングは通常三日間必要とし、初期の頃は、カーネルがそれぞれのレストランに出向いて行なっていた。トレーニングの日の朝、オーナーがレストランを開けにいくと、すでにカーネルがドアの前で待っていたことも珍しくなかったという。

カーネルのほうから出向いていた理由は、フランチャイズ契約を結んだどのレストランも、どこかに出向いてトレーニングを受ける余裕が、時間的にも金銭的にもなかったからである。またレストラン一軒、一軒でキッチンの作りが違っていたので、カーネルは、その店の設備に合わせて、フライドチキンを作れるように指導していく必要があったのも理由の一つである。

さらに、トレーニングはレストランの営業を続けながら行なわれた。ほとんどのレストランが、店を休みにしてトレーニングを受ける余裕などなかったのだ。

フランチャイジーの数が増えてきても、カーネルはトレーニングを妥協したり、内容を省略することはなかった。三日で終わらなければ、たとえ次の予定があっても、納得がいくまで何日でも延長して行なわれた。

早朝から深夜まで続けてトレーニングを行なうことは、めずらしいことではなかった。夜遅く、レストランがとうに閉まっている時間にオーナーが店の前の道を通ると、まだ中の灯りがついている。驚いてレストランに入ってみると、朝来たカーネルが、まだトレーニングを続けていたこともあったそうである。

だが、いくらカーネルが人一倍働くといっても、ケンタッキー・フライド・チキンが巨大な組織になっていくに従い、彼が一軒一軒のフランチャイジーをまわって三日ずつトレーニングしていくことは、不可能なこととなっていった。一九六三年の時点で六〇〇店舗以上のフランチャイズがあったわけだから、カーネルがフランチャイジー一店に三日ずつ費やしたとしたら、トレーニングだけに専念して休まず働いても五年はかかることになる。

こうして長い間カーネル・サンダースの頭の中にだけあった「ケンタッキー・フライド・チキン美味しさの秘密」は一九六四年に文章化され、その後一二九ページにおよぶ正式なオペレーション・マニュアルが、一九七〇年に作成されている。その後、さらに書き加えられ、現在では四〇〇ページを超えるまでになっているという。

だが、マニュアルが作られた当時から、内容すべてを見ることができたのは、ごく一部の人間に限られていた。フランチャイジーにはトレーニングで概略を教え、その基本工程を書いた四〇ページのマニュアルを渡していたのだ。

現在でも「カーネルの秘伝」が書かれたマニュアルを見ることができるのは、世界でも数人である。

マニュアルの作成にともなってトレーニングセンターも作られ、トレーニングの内容もどんどんと高度で複雑なものになっていった。だが、基本はカーネルが手にとって教えていた頃と少しも変わることがなかった。カーネルはトレーニングビデオの中に出演しており、自分の死後もケンタッキー・フライド・チキンの基本を教え続けているのだ。

後継者

ここからしばらく物語の主人公を、カーネル・サンダースからジョン・ブラウン・

ジュニアという若者に代えて話を進めていくことにしよう。このことは、この物語とは直接関係ないが、彼は一九八〇年から一九八四年までの間に、ケンタッキー州の州知事として活躍するようになる。

ジョンの父親は、コービンで弁護士をしていた。またケンタッキー州の議員を務めたこともあり、それをカーネルが応援したのがきっかけで、二人の付き合いが始まっている。カーネルはジョンが幼い頃から知っていたのだ。

ジョンは父親と同じ道を進むべく法律学校を卒業し、弁護士になった。だが、数年が経ち、彼の中に「このまま弁護士で終わるよりも、何か自分でビジネスを始めてみたい」という気持ちが強まっていった。ジョンは法律学校に通っていたときに、アルバイトで辞典を売っていたことがあり、自分でも驚くほどよく売れたので、その時覚えたビジネスの楽しさが忘れられなかったのだ。

ジョンは、カーネルがケンタッキー・フライド・チキンで成功していることを聞き、「フランチャイズを広げていく仕事を手伝わせてもらおう」と、数年ぶりにカーネルを訪れたのであった。だが、話を聞いたカーネルは、迷うことなく「ノー」と答えた。

カーネルは、ケンタッキー・フライド・チキンをここまで大きくするのに、一〇〇〇軒を超えるレストランをまわってきた。その結果、彼は自分のフライドチキンの味を守っていくことができるのは、時には自分自身がキッチンで働くような、料理の味と質にこだわりを持っているオーナーが経営するレストランでなければならないことがわかっていた。そして、「チキンをさばいたことも揚げたこともないようなジョンが、そんなレストランオーナーと交渉できるはずがない」と思ったのである。

「相手の言っていることを理解していない」というのは、時には好結果を生む。この時ジョンには、カーネルが自分の申し入れを断った本当の意味がわからなかった。ジョンはあきらめずに食い下がる。

最終的にジョンは、まだフランチャイズが一軒もない町に限り、フランチャイジーを見つける許可をカーネルからもらうことができた。粘り強く説得力もあるジョンと話しているうちに、彼が優秀なセールスマンになる要素を持っていることが、カーネルにもわかってきたのだ。

「カーネルさん。あなたのビジネスを私に売ってくれませんか」。数カ月後に再びカーネルのもとを訪れたジョンは、いきなり新たな提案をもちかけ、カーネルを驚かせた。

「いや、私にはその気は全くない。このビジネスは私の人生そのものなのだ」とカーネル。

カーネルの意志が固いことがわかったジョンは、今回はあっさりとあきらめ、それ以上そのことには触れなかった。そして話の内容を、自分が進めているビジネスの経過や問題点に移し、カーネルにアドバイスをもらって帰っていった。

断りはしたが、ジョンの突然の提案には、カーネルは考えさせられるものがあった。「死ぬまで働き続ける」という考えはすこしも変わっていなかったが、ビジネスの成長にともない、七〇歳を過ぎた自分には忙しさも限界に達しており、仕事を手伝ってくれる人がほしかった。だが、ケンタッキー・フライド・チキンを自分と同じ目で見ることができる人物を見つけられずにいたのだ。

「カーネルさん、ジャック・マーシーさんを紹介します」。「ビジネスを売ってほしい」と提案をしてから二週間後、ジョンは一人の男を連れて、再びカーネルのもとを訪れた。ジョンが連れてきたジャックは、テネシー州の首都、ナッシュビルで家具のリースビジネスを経営しており、ジョンのビジネスを資金面を含めて援助していた。

しばらくお互いのことなどを話し合った後、話はカーネルのビジネスのことになっていった。

「カーネル、あなたがこの素晴らしいビジネスを作り上げるために努力を重ね、自分のビジネスに強い愛着を持っているのはよくわかる。だが、あなたは今年七四歳だ。そろそろ引退を考えるべきだ」とジャック。

「私は自分のビジネスを手放す気はない。もしあるとしても、他人の手には渡さずに、今あるフランチャイジーに権利を譲ることになるだろう」とカーネル。

それを聞いたジャックは、それまでの自分の経験から、フランチャイジーに権利を売却することの難しさをカーネルに説いた。

彼は、今までにも三つのフランチャイズ・ビジネスが、フランチャイジーと権利をめぐっていさかいを起こし、ビジネスそのものが潰れてしまったのを目撃していたのだ。さらにジャックは、自分がビジネス売却の経験が豊富であり、必ず今後のケンタッキー・フライド・チキンの役に立つことができるだろうと伝えた。

「……」。しばらく返答できずにいたカーネルであったが、「いや、やはりやめておこう」とジャックの申し入れを断った。

ジョンが、カーネルも認める粘り強い性格であることはすでに述べた。二週間後、ジョンとジャックは、あきらめずに再びカーネルのもとを訪れた。

「前回お会いしたときに、もしビジネスを手放すとしたら、フランチャイジーに権利を譲るとあなたは言ったが、具体的には誰のことを言っているのですか」とジャック。

「そうだな。ピート・ハーマン、ケニー・キング、フィル・クラウスの三人と、他の何人かの大きなフランチャイジー、数人だな。まず彼らの意見を聞いてみないと」とカーネルは答えた。

「私たちが彼らに直接話をして、彼らの意見を聞くことはかまいませんか?」とジャック。「いいだろう」。カーネルはピート・ハーマンをはじめ、フランチャイジーと良好な関係を築いていた。

「このことは、いずれ解決しなければならない問題だ」と思い、彼らの意見を聞いてみる必要性を感じたのだ。

まずピート・ハーマンに会うために、二人はカーネルと一緒に、さっそくソルトレイクシティに向かった。

ジョンとジャックはピートに会うと、いくつかの大きなフランチャイジーが、ケンタッキー・フライド・チキンの株主になると同時に、会社の役員になってビジネスを一緒に運営していくことが、いかに有益なことであるかを粘り強く説いた。そして最終的にピートは彼らのアイデアを理解して同意をしたのだった。

こうしてジョンとジャックは次々とフランチャイジーに会い、自分たちのアイデアを説明していったのである。その中でオハイオ州、クリーブランドのフランチャイジー、ケニー・キングについては少し触れておこう。

彼は、一度は株主になることに同意して、二万五〇〇〇株分の手付金として五〇〇〇ドルの小切手を渡した。だがその二日後、ケニーは弁護士のアドバイスを受け同意を撤回し、小切手を送り返してもらっている。まさかこの五〇〇〇ドルの小切手が、しばらくしてから三〇〇万ドルになるとは夢にも思わずに……。

フランチャイズ売却

カーネルは、料理に関しては素人のジョンとジャックに、自分が育て上げてきたビジネスを任せることに個人的には抵抗を感じていたが、ケンタッキー・フライド・チキンの今後を考えると、彼らのアイデアを受け入れたほうがいいように思えてきた。

「料理に関しては、彼らの代わりにピートがいる。彼はケンタッキー・フライド・チキンの味を、最も理解してくれている人間だ」。

「ジョンはフランチャイズを世界に広げていくビジョンを持っている。まだ若い彼にはそれをやり遂げるだけの時間がたっぷりある」。

「そしてジャックにはジョンを支える資金と金銭的感覚がある」。


一九六四年一月六日。こうしてカーネル・サンダースは、すでに売却をしていたイギリスとモンタナ州、娘のマーガレットにすでに譲っていたフロリダ州、ピートに譲ることにしたユタ州、そして自分のためのカナダの権利を除いて、二〇〇万ドルと生涯にわたる年間四万ドルのサラリーと、これからもビジネスの発展にかかわる仕事に携わっていくという条件で、ケンタッキー・フライド・チキンの経営権をジョン・ブラウン・ジュニアとジャック・マーシーに譲ったのである。

多くの人がカーネルに、株主の一人になることも条件の中に入れるように勧めたが、彼は「残りの人生は二〇〇万ドルあれば十分過ぎるくらい」と辞退している。

この年ケンタッキー・フライド・チキンの店舗数は六〇〇店を超え、三七〇〇万ドルの年間利益を上げる企業にまで成長している（五年後の一九六九年、フランチャイズ加盟店は三五〇〇店以上になり、ケンタッキー・フライド・チキンは、同年一月一六日にニューヨーク株式市場で株の公開を行なっている。そして最初の一〇〇株をカーネル・サンダースに贈っている）。

正式な契約は、同じ年の三月六日に行なわれた。「最終的な契約を結ぶまでの二カ月間は、周りの人にずいぶん迷惑をかけた」とカーネルは言っている。彼は、理論的には「ビジネスは、もう自分の手に負えないほどに成長した。これでいいのだ」とわかっていたが、自分が大事に育てたビジネスが、人の手に渡ってしまうと思うと、その日が近づくにつれ、どうしても感情的になってしまい、周りの人間にあたってしまうのだった。大事に育てた娘を嫁に出す父親のような心境だったのだろう。

契約の席でカーネルは、ケンタッキー・フライド・チキンの味とサービスを守っていくことをジョンとジャックに再三確認し、それでも言い残したことがないかと、歯ぎしりをしながら契約書にサインをしたのだった。

契約を終えた後、カーネルにしてはめずらしく、それまで自分が辿ってきた長い道のりを思い出していた。三〇歳の頃から自分でビジネスを始めて三五年以上の間、さまざまなことを試みてきて、ある程度の成功をしたこともあったが、最終的には、すべて自分にはどうしようもない理由であきらめなければならなかった。

それなのに、六五歳の時にすべてを失ってゼロから始めたビジネスが、わずか九年で自分に二〇〇万ドルをもたらすビジネスになったのだ。人生の不思議を感じるとともに「あの時、人生をあきらめないでよかった」と心から思ったのであった。

七四歳にしてミリオナーになったカーネル・サンダース。この後彼は、静かに余生を過ごすのだろうか。

第6章

引退は考えない

衰えることのない働く意欲

七四歳にしてケンタッキー・フライド・チキンを譲り渡したカーネル・サンダースであったが、彼の「猛然と働く意欲」、「生涯働き続ける」という気持ちは、少しも衰えていなかった。それどころかカーネルの毎日は、以前にも増して忙しくなっていたのだ。

第一線を退いた後もカーネルは「ケンタッキー・フライド・チキンのシンボル」として、積極的に動きまわっていた。彼のサンタクロースを思わせるような長く伸ばした白いひげ、白いスーツにステッキ姿、そして豊かな顔の表情は、会社にとっても宣伝するのにまたとないキャラクターだった。

いくつになってもカーネルは、アメリカ中のケンタッキー・フライド・チキンをまわって歩いていた。八〇歳をとっくに過ぎても、彼は毎年アメリカ国内だけでも五〇万マイル以上を旅行していたのだ。一年間にアメリカ大陸を東海岸から西海岸まで八〇回近く往復したことになる。一年間で八着の白のスーツを着つぶした年もあったという。

特に新しくオープンしたフランチャイズには、カーネルはできる限り応援に行くようにしていた。数日間連続して、店を渡り歩くこともしばしばだったという。一九七〇年代前半の時点でケンタッキー・フライド・チキンは、平均すると毎日二軒の割合で新しい店がオープンしていたのだ。

フランチャイズの数も五〇〇〇軒を超えていた。忙しくなるとカーネルはホテルに泊まらず飛行機の中で寝て、シャワーは着いた場所で浴びるようにしていたらしい。同行の人間が彼のハードスケジュールについていけず、彼のタフさぶりには誰もが驚かされた。

訪れた店の料理が、ケンタッキー・フライド・チキンの基準に見合っていない場合は、カーネルはすぐさま白い上着を脱ぎ、シャツの袖をまくり上げ、エプロン姿になって、孫のような従業員に本当のチキンの料理法を教えるのだった。

そんなときカーネルは、晩年に肌身離さず持ち歩いていたステッキで、カウンターを叩きながら教えていたそうである。カーネルがキッチンに現われ機嫌よく帰っていくと、キッチン全体は安堵のため息に包まれたという。

カーネルの行動範囲は、アメリカだけにとどまらなかった。ケンタッキー・フライド・チキンが海外へビジネスを広げていくにともない、カーネルもロシア、イスラエル、日本をはじめ世界中の国々を訪れている。ケンタッキー・フライド・チキンは一九七三年の時点で、すでに三三カ国でビジネスを展開していたのだ。

アメリカン・ヒーロー

カーネル・サンダースのサクセス・ストーリーは、開拓者精神やアメリカン・ドリームを好むアメリカ人の興味をおおいに誘った。カーネルが六五歳の時にゼロからビジネスを始めたこと、そのビジネスがわずか八年で、彼に二〇〇万ドルをもたらすまでになったことは、メディアにとってもまたとない話題であり、カーネルのもとには次々とテレビやラジオ出演の依頼が来るようになり、彼はアメリカで最も有名な人物の一人として知られるようになっていったのだ。

彼が八二歳の時の一九七二年には、ある調査機関がカーネルを「世界中で二番目に有名な人物」としてランクしている。

カーネルが最初に出演したテレビ番組は、「私の経歴は？」というゲストの経歴を言い当てるトークショーだった。だが、当然かもしれないが、カーネルの波乱に満ちた経歴を言い当てることは、誰もできなかったそうである。

数えきれないほどのテレビやラジオのショーに出演したカーネルであったが、その中で最も有名なのが、一九六四年に放送された、ジョニー・カーソンが司会をしていた人気テレビ番組「トゥナイトショー」だろう。スタジオには拳銃を装備した四人のガードマンと一緒に、カーネルがケンタッキー・フライド・チキンを譲り渡して手に入れた二ミリオンドルが、二〇ドル札で山積みにされたのだ。

彼は、これらのテレビ番組にもすべて白いスーツに蝶ネクタイ、ステッキという、お馴染みのスタイルで出演し、その装いは、白いヒゲとともにカーネルのイメージとなり、それはそのままケンタッキー・フライド・チキンのイメージとして定着していったのだ。

カーネルの白いスーツについて、ここで少し触れておこう。彼が好んで着ていたこのスーツは、一〇代の頃に働いていたサザン鉄道からアイデアを得たものだった。当時、彼はいつも白いオーバーオールを着て仕事をしていた。カーネルは、清潔さを表す白いユニフォームがとても気に入っていたのだ。

カーネルが着ていた白いスーツは、もともとフロリダなどの南国のリゾート地用のもので、彼も最初は夏の間だけ着ていたが、しばらくしてから、この装いが人目を引くことに気がつき、ケンタッキー・フライド・チキンの宣伝をかねて、白いスーツを常に着るようになったのである。

「自分の着ている白いスーツは囚人服だ。だから決してこれを脱ぐことはできない」

とカーネルはいつも言って人々を笑わせていたのだった。

カーネル・サンダースのもう一つの特徴である白く長いヒゲに関しても、おもしろいエピソードが残っている。カーネルのヒゲがまだ完全に白くなっていない頃のことである。白い毛と黒い毛がまだらになっていてあまり見栄えがよくないので、カーネルは剃り落としたほうがいいかと思い理髪店に相談した。

話を聞いた理髪店の主人は、「任せておいてくれ。この次来たときに漂白してきれいにしてあげるよ」と約束した。

数日後カーネルが訪れると、主人は先客の髪を切っていたので、カーネルはソファに座ってしばらく待つことにした。

待ちながら主人の様子を見ていると、髪の毛を切りながら床に落ちた髪に漂白剤をかけているのに気がついた。

「漂白剤の効き目を試していたのだろう」とカーネル。

ところがよく見ると、漂白剤をかけられた髪が溶けてしまっているのだ。

「この床屋の主人は、ヒゲを漂白するのが初めてなのではないか」と疑ったカーネルは、漂白でヒゲを白くするのをあきらめ、自然に全部白くなるまで待つことにしたのだという。

その功績を称えて

カーネル・サンダースは「リンカーン大統領以来、アメリカで最も有名になった人物」と言われている。すでに紹介した「サンダース・カフェ発祥の地」に建てられた記念碑の裏側にもカーネルは「ケンタッキー州で最も有名な人物」として紹介されているのだ（参考までにリンカーン大統領はケンタッキー州出身）。

五つの大学から名誉学位を与えられたこと、モーテルやレストランのサービスや料理を賞賛されたことなど、カーネルに授与された賞讃などを、これまでにもいくつも紹介してきたが、カーネルが生涯に授かった賞讃の数は、数えきれない。特に晩年になるとレストラン関係、慈善団体関係を中心に、いくつもの団体からその功績を称えられたのだ。

その中の一つに八〇歳の頃にケンタッキー州から「今年度の最優秀レストランオーナー」に選ばれたものがある。そして、その副賞として与えられたのが、州内のレストランならどこででもお金を払わないで食べることができるという「一四カラットゴールド・カード」であった。

ただし、このカードが使えるのは本人の食事代だけだった。そこで毒舌家のカーネルはクラウディアに「わるいね。一人でこのカードを使っておいしいものを食べてくるから、車で待っていてくれるかい。余ったものをもらってくるから」と言い、たびたびからかっていたという。「二、三回こんなことを繰り返していたら、クラウディアからカードを返すように言われてしまい、従わざるを得なかった」そうである。

その他にも、カーネルは八二歳の頃に全米レストラン協会からも「今年度の最優秀レストランオーナー」に選ばれ、シカゴで行なわれた表彰会場には、それまでで最多の人が集まったという。

また同じ頃に全米養鶏協会からも表彰されている。当時で年間一五〇万羽ものチキンをケンタッキー・フライド・チキンで使っていたのだから、当然のことかもしれない。

「サルベーション・アーミー」という全米で活動をしている救世軍からも、カーネルの長年にわたる慈善活動に敬意を表し、最高級の表彰をされている。

だが、「数ある賞讃の中で一番嬉しかったのは、子供たちが自分をサンタクロースのように慕ってくれたことだった」とカーネルは語っている。

カーネルがサンダース・カフェ時代にも、さまざまな面で孤児院の子供たちに手を差し伸べたことはすでに述べた。彼は子供たちに対して、無限とも思える愛情の念を抱いていたのである。子供からサインをせがまれると、どんなに忙しくても、どんな重要なビジネスの話をしている最中でも、それまでの気むずかしい顔から一転して、顔一杯に笑顔を浮かべて子供たちの要望に応じていたという。

子供たちもカーネルのことを「サンタクロース以上にサンタクロースらしい」と言って慕っていたのである。カーネルはそれが何よりも嬉しかったようである。

カーネルを有名にしたもう一つの理由

カーネル・サンダースの名前が、アメリカで知らない人がいないくらい有名になった理由は、彼が六〇歳を過ぎてからビジネスを始め、一大企業を作り上げたというユニークな経歴と、その風貌によるところが大きいが、彼の名前をさらに高めた理由は、カーネルが惜しみなく自分の財産や学校や教会、それにさまざまな慈善団体に寄付していったことだった。

カーネル・ハーランド・サンダースの「カーネル」という名前が、名誉称号として彼が四五歳の時にケンタッキー州より授与されたことはすでに述べた。

カーネルという名前は、もともと軍隊の指揮官に使われる称号であり、ケンタッキー州では地域に貢献した人間に与えられているもので、ケンタッキー州にカーネルという名前の持ち主は、ハーランド・サンダースだけに限らず、何人もいるのだ。

ハーランド・サンダースは、ケンタッキー州に住むカーネルたちに呼び掛けてお金を出し合い、チャリティを発足させている。毎年多額のお金が、このチャリティから地域に寄付されているのだ。カーネル・ハーランド・サンダースはケンタッキー州の英雄である。

またカーネルは、ケンタッキー・フライド・チキンのテレビコマーシャルにも頻繁に出演していたが、出演料のことでもめることもたびたびあったそうである。ただし、自分のためにではなかったようだ。その証拠に一年間で稼いだ出演料、一〇万ドルをそのまま大学に寄付している。自伝の印税もすべて病院や恵まれない子供に寄付するようにしていた。

こんなエピソードもある。ビジネスを譲り渡してから数年が経った頃、弁護士が「カーネル、もし今あなたが死んだとしたら、あなたの持っている財産から九〇万ドルは税金として持っていかれますよ」と言った。

カーネルは「神様はまだ私に時間を許してくれるようだから、税金で払う代わりにその分を神様にあげて、同じ額を私からのお礼として差し出すことにしよう」と九〇万ドルの倍の一八〇万ドルを寄付することを即座に決めたという。

カナダのケンタッキー・フライド・チキンについて、ここで触れておく必要がある。フランチャイズの権利を売却する際、カーネルがカナダの経営権を自分のもとに残しておいたことはすでに述べた。

カーネルは、カナダのフランチャイズの経営権を引き継いだ直後から、売上げのすべてをカナダの学校や教会、それに慈善団体などに寄付するようにしている。

理由は、もし自分が権利を持ったまま死んだら、カナダのケンタッキー・フライド・チキンは、膨大な額の税金を支払わなければならないと気がついたからだ。

また、寄付の対象をカナダの団体に限定した理由は、カナダのケンタッキー・フライド・チキンはカナダ人が成功させたのだから、彼らのもとに返すべきだと考えたのだ。カーネルは、今でも多くのカナダ人に感謝され尊敬されている。カナダでのカーネルの人気は、アメリカ以上なのである。

最初で最大のフランチャイジーで、カーネルの無二の親友となったピート・ハーマンは、「カーネルの問題は、惜しみなくお金やものを与えすぎることだった」と言っている。カーネルが「ブロークン（一文無し）になってから死ぬんだ」と冗談混じりに周りの人間に言っていたことからもそのことがうかがえる。

だが、こうと決めたら譲らないガンコ者のカーネルは、たんに約束を守っていただけだったのかも知れない。「このビジネスを成功させてくれたら、あなたの取り分をお渡しします」と六五歳の時にした、神様との約束を。

アメリカの食文化を変えた男

カーネル・サンダースがたった一人で始めたケンタッキー・フライド・チキンが、どのように発展していったかを確認してみよう。


一九五六年　サンダース・カフェ売却。カーネル・サンダース、フランチャイジー探しの旅に出る。

一九六〇年（四年後）レストランの数：アメリカで二〇〇店舗を超え、カナダでも六店舗を出店。

一九六三年（七年後）レストランの数：約六〇〇店舗。海を越えてイギリスにも出店。

一九七〇年　日本に進出
一九八〇年（二四年後）レストランの数：四八カ国で六〇〇〇店舗を超える。

一九九六年（四〇年後）レストランの数：アメリカで五〇〇〇店舗以上、海外と合わせると八〇カ国以上で約一万店舗。

一九九六年の一年間にケンタッキー・フライド・チキンが：
・提供した食事の数：
　アメリカで約一二億食、世界全体では約二五億食（毎日約七〇〇万食）。
・販売されたフライドチキンの数：
　アメリカで約二九億ピース、世界全体では約四七億ピース。
・使ったチキンを並べると：
　二八万四〇〇〇マイル（地球を一一周、または地球から月まで並べても五万九〇〇〇マイル残る距離）
・アメリカ人がケンタッキー・フライド・チキンを食べた数（子供を含む）：
　年間に平均して一人一一ピース。

カーネル・サンダースは「アメリカの食文化を変えた男」とも言われている。その理由については、これ以上の説明は必要ないだろう。

成功を多くの人と分け合いたい

カーネル・サンダースはケンタッキー・フライド・チキンを始めるときに「もしまた成功することができたら、今度はそれを多くの人と分け合いたい」と思ったというが、これまでに彼と成功を分かち合った人の数は、計り知れない。

一九六九年にケンタッキー・フライド・チキンが株を公開したとき、会社で働く三〇〇人の中で二一人がミリオナーになった。

もちろんピート・ハーマンに代表されるように、フランチャイジーとなった人も成功を手にしている。カーネルの知る限りでは、彼との約束を守らず契約を取り消した店はあるが、それ以外で失敗した店は一軒もなかったという。

ピート・ハーマンに関しては、すでに紹介したように、ユタ州におけるビジネスの権利をカーネルから譲り受けている。これは当時で三〇〇〇万ドル以上の価値があるものである。

さらに、ケンタッキー・フライド・チキンに携わることによって、生計を立てている人の数は、世界中に数えきれないほどいる。ケンタッキー・フライド・チキンで働いている人はもちろんのこと、間接的にも、チキンをはじめ原材料の生産、搬入に携わっている人、圧力釜などの調理器具を作っている人などを合わせると、相当な人数になるはずである。本人の他にもその家族を含めれば、どれくらいの人数になるのだろう。

すべては一〇五ドルの年金を手にした、六五歳の一人の男から始まったことなのだ。

働かなければ錆ついてしまう

一九七一年の七月のある早朝の出来事である。カンザス州のジャンクションという町に店を構える、あるフランチャイジーは、カーネルの秘書から次のような電話を受け取った。

「カーネルが乗った飛行機が、今から二時間後にあなたの店の近くにある空港に到着する予定で、一時間ほど空港であなたと話がしたいそうなので、彼の朝食としてサンドイッチを持って、空港まで迎えにいってほしい」。

彼は言われた通りに空港でカーネルを出迎え、一時間ほどビジネスの話をした後に「もう八〇歳を超えているのだから、すこし仕事の量を減らしてはいかがですか」とカーネルにすすめた。

カーネルは「これでも昔と比べれば仕事の量はだいぶ減らしている。だが引退することは考えていない」と答え、続けて「フルシチョフを知っているか?」と尋ね返した。

「最近までソビエトの指導者だった人のことでしょう?」

「そうだ。新聞を読んだか。彼は職を追われて、今では病気になってしまったそうだ。彼が病気になった理由は、仕事がなくなったからに違いない。俺はソビエトに行って彼にフライドチキンの作り方を教えてくるぞ」。

しばらくしてから、カーネルは本当にソビエトに行っている。もっともその頃フルシチョフはすでに他界していたが。

晩年カーネルは「決して引退を考えるな、できるだけ働き続けろ」といくつになっても働き続けることが大事だと繰り返し強調していた。そのまま彼の言葉で紹介しよう。晩年のスピーチからのものである。

「神様が一人一人を地上に置いておくのには、二つのうちのいずれかの理由があるからである。一つは、その人間が犯した罪を償わせるためである。誰でも過ちを犯す。われわれは生きているうちに、その罪を少しでも償わなければならない。もう一つは、神様がその人間に、何かをやらせようとしているからだ」。

「エデンの園で神様はアダムに、おのれの肉体が土に帰るまで働けと言っている。定年まで働けとは言っていないのだ。もちろん、現代社会では定年退職というものがある。だが、それが人生の終わりではない。それは人生の一つの区切りにしか過ぎないのだ。いくつになっても、自分の人生をより価値あるものにするための努力をするべきだ。何の問題も起こらない人生が、すばらしい人生というわけではないのだ」。

「何を始めるにしても、ゼロからのスタートではない。失敗や無駄だと思われたことなどを含めて、今までの人生で学んできたことを、決して低く評価する必要はない」。

「もし、あなたが何かいいものを作ったとしたら。いや、いいものよりさらにいいもの、もっともっといいものを作ったとしたら、そしてそのことに全力で取り組んだとしたら、あなたは成功できる。そのことは私が証明したはずだ」。

「私は決して特別な才能を持っていたわけでも、特に運に恵まれていたわけでもない。私がしてきたことは、毎日、毎日、目の前にある自分に与えられた役目、人を喜ばせること、人を勇気づけることに全力で取り組んで、精一杯生きてきただけなのだ」。

「働け！　一所懸命働くことが大事なのだ。働かなければ錆ついてしまう。世の中には働いて疲れ果ててしまう前に、錆ついて駄目になってしまう人のほうがずっと多い。もし、私が錆つくようなことがあれば、私は自分を叱るだろう」。

一九八〇年の暮れ、九〇歳のカーネルは臨終の床にあり、多くの人が最後の別れを告げるために、彼のもとを訪れていた。

その中の一人がカーネルにキスをした後に、「今度は今日どうしても来ることができなかった妻からだよ」と言ってもう一度キスをした。

そのあとカーネルは「ありがとう。でも男から二回キスされてもあまり嬉しくないよ」と最後まで毒舌を忘れることなく、本人が「一〇〇歳までは生きる。そうすればケンタッキー・フライド・チキンの宣伝文句が一つ増えるだろう！」といっていたのが、本当のように思えた。

だが、一二月一六日、カーネル・ハーランド・サンダースは、ケンタッキー州ルイビルで肺炎のため、この世を去った。

ルイビルのケイブヒル墓地で永い眠りについたときも、いつもの白いスーツ姿で柩に収められたのである。

カーネル・サンダース年表

一八九〇年九月九日	インディアナ州南部の町、ヘンリービルに生まれる。 三人きょうだいの長男 六歳の時に父親死去
一九〇〇年（一〇歳）	最初の仕事　家計を助けるために農場で働き始める。
一九〇四年（一四歳）	母親の再婚相手と折りが合わず家を出る。 中学校を辞める（学歴は小学校卒） 転職を繰り返す。農場の手伝い、キューバへの従軍、鉄道関係の仕事（三回会社を変えている）、保険外交員、タイヤのセールスマン、弁護士等
一九〇八年（一八歳）	結婚
一九一二年（二二歳）	フェリーボートの経営に参加。 ランプの販売→失敗、財産を失う。 ニコラスビル（ケンタッキー州）ガソリンスタンドの経営を始める。

一九二九年（三九歳）	大恐慌。ガソリンスタンドを売り払う。財産を失う。
一九三〇年（四〇歳）	コービン（ケンタッキー州）で新たにガソリンスタンドの経営を始める。 まもなく食堂とモーテルを併設する。 一人息子死去
一九三五年（四五歳）	州知事から『カーネル』の名誉称号を授かる。 （本名はハーランド・サンダース）
一九三九年（四九歳）	圧力釜との出会い オリジナル・フライドチキンの調理法を完成させる。 火事―レストラン、モーテル焼失
一九四一年（五一歳）	一四二人収容の大レストランを再建
一九四七年（五七歳）	離婚
一九四九年（五九歳）	再婚

一九五六年（六六歳）	近くにできたハイウェイのために客が激減し、レストランを手放す。
	財産を失う
	フライドチキンの調理法のノウハウをフランチャイズ化するために全米をまわる。
一九六〇年（七〇歳）	フランチャイズがアメリカで二〇〇店、カナダで六店になる。
一九六四年（七四歳）	ケンタッキー・フライド・チキンを二〇〇万ドルで売却。
	会社の経営から退いた後もケンタッキー・フライド・チキンの顔として世界中をまわる（日本にも三度来訪）。
一九八〇年	九〇歳で死去
一二月一六日	この年ケンタッキー・フライド・チキンは四八カ国、六〇〇〇店に広がっている。

【注、以下に記載いたしますエピローグ、大河原毅氏のインタビューは一九九八年に刊行された単行本版の内容です。肩書等を修正のうえ、記載いたします。】

エピローグ
「理想をもっとも忠実に受け継いでくれる、日本が一番好きだ」

神奈川県座間市にあるケンタッキー・フライド・チキン相武台店の敷地内に、真っすぐに天に向かってそびえ立っている一本の大きなポプラの木がある。

このポプラの木は、一九八〇年五月に当時八九歳だったカーネル・サンダースが三度目の来日をはたしたとき、記念として植樹した苗木が育ったものである。

はからずも、この年の一二月にカーネルは多くの人に惜しまれながらこの世を去り、これがカーネルの最後の来日となったのである。

カーネル・サンダースがこの世を去ってから、はや二〇年近くの歳月が流れた（注、単行本、刊行当時）。アメリカのケンタッキー・フライド・チキンは三度のM＆Aを繰り返し、今では生前のカーネルのことを知っている人は、ほとんどいなくなってしまった。

生前カーネルは「理想をもっとも忠実に受け継いでくれる、日本のケンタッキー・フライド・チキンを一番気に入っている」と当時のケンタッキー・フライド・チキン・ジャパンの会長、ロイ・ウェストンに打ち明けている。

カーネル・サンダースの理想……。それは自分が完成させたケンタッキー・フライド・チキンの味を、妥協することなく守り通していくこと。さらには、ピープル、あたたかい人間関係を大事にするビジネスであったのだろうと想像できる。

カーネルの期待どおり、日本のケンタッキー・フライド・チキンには、カーネルからそのスピリットを直接伝授された創業時からのスタッフが、ほとんど全員残っている。

そして、今となっては「貴重な存在」となってしまった、カーネルとの直接の体験をもっている大河原毅氏に、カーネル・サンダースのビジネスに対する姿勢、彼の人間性を思わせるエピソードなどについて語ってもらうことができた。

大河原　毅（元日本ケンタッキー・フライド・チキン株式会社代表取締役社長）

一九四三年生まれ
日本での第一号店店長

――大河原社長はカーネルが来日したときに不思議な体験をしている

「たしかカーネルが二回目に来日したときだと思うけれど、田園調布の店で私と中川と元田ら数人が、それぞれにフライドチキンを作ったんです。カーネルも作った。それでできあがったフライドチキンを比べてみると、カーネルの作ったのだけがフックラしていて、実においしそうにできあがっていた。もちろん材料も油も粉も条件は全部同じ。私たちはみんなフライドチキンを作ることには、かなり自信をもっていましたから、あれには驚いた。今でもその理由はわからない」。

――カーネルは日本のケンタッキー・フライド・チキンをたいへん気に入っていたようですが

「アメリカではよくある話かも知れませんが、カーネルがビジネスの権利を手放した後、会社は売上増、利益率を上げるために、カーネルが『やってほしくないこと』をいろいろとやり始めたんです。たとえばコストを下げるために、ミルクの代わりに水やパウダーを使ったりして。実際にそれですごく儲かりだした。だけどカーネルにしてみれば、利益のために自分が完成させた味が変えられていくのがすごく悲しかったのだと思う。

日本では私たちは、ケンタッキー・フライド・チキンの原点を教えられ、それだけは変えようとしなかったから、カーネルはそれが嬉しかったんではないのかな。いってみれば私たちはアメリカが失ったものを持っていたんです。

でも、アメリカでもそのうち売上げが落ち込んできて、『原点に戻ろう』ということになった。やっぱりごまかしは長続きしない。それでようやく持ちなおしてきています。もっともユタ州のピート・ハーマンのところは、私たちと同じように原点を変えようとしなかったから、堅実にビジネスを伸ばしていました。

日本にケンタッキー・フライド・チキンが来たときは、カーネルはすでに第一線を退いていたから、私はそのへんのところはピートから教わりました。ピートがいたからカーネルは成功できたんだと思うし、逆にカーネルがいなければ、今日のピートの成功もありえなかったでしょう。日本の本田技研工業の本田さんと藤澤さん、ソニーの井深さんと盛田さんのような、二人はそういう間柄だったんです。

日本ではカーネルから受け継いだケンタッキー・フライド・チキンの原点は、いまだに変えていないし、これからも頑として変えません。


――カーネル・サンダースとはどういう人物だったのですか

「『がんこで変わったオヤジ』という印象が強いです。商品の品質にはとても頑固でした。適切な表現ではないかもしれないけれど『意固地な職人』とさえ思えました。アメリカの店でカウンターにのせてあったフライドチキンを、持っていた杖で全部払い落としたのを目撃したことがあります。自分が教えたとおりに作っておらず、できあがったものが気に入らなかったんでしょう」。

「また、妥協を嫌う人でもあった。カーネルの英語はとにかくわかりづらい。南部訛りに加えていろいろ過激な言葉が混じるから、とにかく理解に苦しむ。アメリカのホワイトハウス（ケンタッキー・フライド・チキン本部は、本物のホワイトハウスに作りが似ていることからこう呼ばれている）の中にあるカーネルのオフィスを訪れ、話をしていたとき、いい加減こっちも理解するのに疲れてきて、そのうち相づちをうって聞き流し始めた。そうしたら『おまえ、今なんで相づちをうったんだ』ってつっこんでくるんです。あの時は弱りました」。

――カーネルから得た最大のものはなんですか

「物心両方あって、まずものではこれです（純金でカーネルの顔を形どったものの下に巨大なダイヤモンドがついているピン！）。カーネルは気前がいいというか、なにせイギリスのフランチャイズ権をロールスロイス五台で譲ってしまったくらいだから。このピンも自分が付けていたのを取り外して『シン（大河原氏のニックネーム）これあげる』と言って、くれたんです。

無形のものではやはりカーネルのスピリットでしょう。お客様を喜ばせることを中心に考えた、品質に対する徹底的なこだわりです。最高の素材で作ったものを提供するために、北海道にハーベスターという農場を作ったのもその影響です。

それとこれはピート・ハーマンの影響も大きいけれど、ピープル、人を大事にするということです。ピートから『人を大事にしなさい。そうすれば人もおまえを大事にしてくれるから』と言われました。おかげで第一号店からの仲間はほとんど残っています。

あとは、ビジネスは社会的に意義がなければダメだということと、何でもお金儲けのためだけではなく隠れた善行というか、そういうものの大事さも教わりました。スペシャルオリンピックス（知的発達障害のある人たちのスポーツ活動と社会参加を支

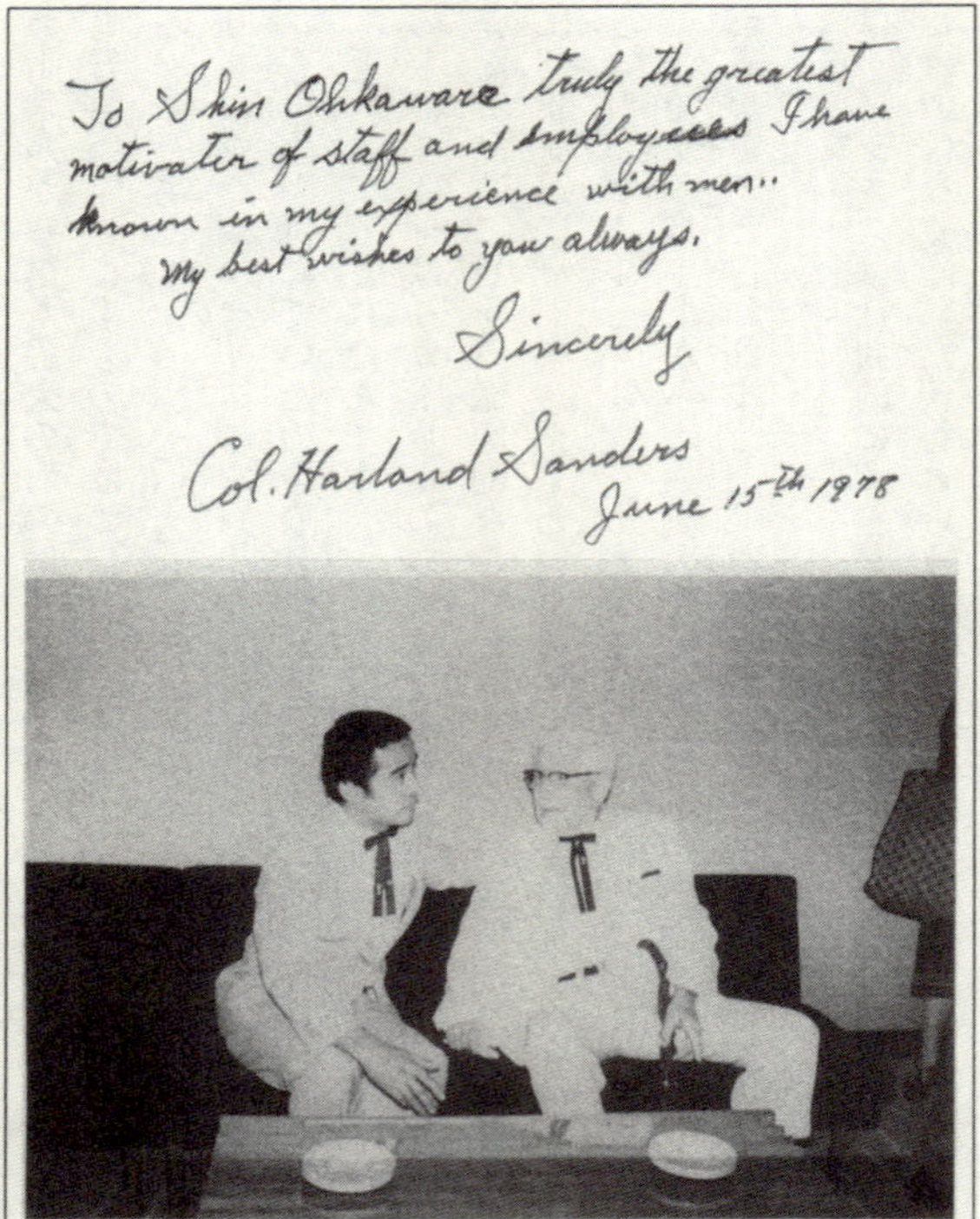

To Shin Ohkawara truly the greatest
motivater of staff and employees I have
known in my experience with men..
My best wishes to you always.
Sincerely
Col. Harland Sanders
June 15th 1978

カーネル・サンダースより大河原氏に贈られた、カーネル直筆の色紙、そしてカーネルとの写真。

援するボランティア活動）の日本での活動に協力させてもらっているのもその影響がありますo そういったことをカーネルから直接教えられたのは幸せだったと思っています」。

――カーネルはなぜ六五歳になってからもビジネスを始めたと思われますか

「カーネル・サンダースは六五歳からケンタッキー・フライド・チキンを始めて、そして成功したから、それから先は他のことをしなかったけれど、もしうまくいっていなかったら、六六歳から何か別のことを始めていて、それでもダメだったら六七歳からまた何かを始めていたんじゃないかな。そういう人だった。

勝負事は勝つまでやめなければ絶対負けない。カーネルはそれまでの人生で何度となく失敗や挫折を味わっていたけれど、あきらめることをしない人だった。だから最後に人生に勝ったんだと思う」。

「日本のケンタッキー・フライド・チキンは、最初の頃はずいぶん苦労したけれど、カーネルが来日したときには軌道にのりはじめていた。その時カーネルが『The easy way becomes harder and the hard way becomes easier』（最初に楽だった道は進めば進むほど険しくなっていき、逆に最初険しかった道は進むにつれ、なだらかになっていく）と言ってくれたのをよく覚えています」。

大河原氏は、当時のことをかみしめるかのように語ってくれた。

単行本版　あとがき

（一九九八年刊行当時のあとがきです。）

「カーネルは幸せな人生を送ったのではないか」。今回、本書を出版するにあたり、ケンタッキー・フライド・チキン社の窓口になっていただき、いろいろお世話になった広報室の横川さんと打ち合せをしているときにでた話題です。

世界的事業を創設したこと、九〇歳まで生きたこと、多くの人に愛されていたこと。これらの事実や本書で紹介した内容を考えると、カーネル・サンダースは、間違いなく一般にいう「成功者」でしょうし、幸せな人生を送ったといえると思います。

ただし、カーネルが少年時代、父親を失ったこともあり、家庭的に満たされてはいなかったこと。四〇歳のとき、最愛の一人息子を失っていること。三〇年以上にわたり愛情に満たされていたとはいえない結婚生活を送ったこと。そして、事業家としても数々の苦汁を味わったことも事実です。

これらカーネルの人生に幾度となくふりかかってきた不幸や逆境に焦点をあてると、彼の人生はむしろ不幸であったといえるのではないでしょうか。そしてカーネルが、これら自分に襲いかかってきた逆境の一つにでも打ち負かされていたら、「自分はついてない人間なんだ。いくら努力しても最終的には必ず無駄になる」とあきらめていたら、私たちはカーネル・サンダースの名前を知ることがなかったでしょうし、もちろんケンタッキー・フライド・チキンも生まれてはいなかったはずです。

「カーネルは幸せな人生を送ったのか」。その答えは「イエス」といえるでしょう。ただし、それはカーネルが生まれたときから運命として用意されていたことではなく、カーネル・サンダースが自分自身で築き上げて、手に入れたものであることは疑いようのないことです。

「人生は自分が作り上げていくもの。そして、人生に『遅い』ということはない」ということを、自分の人生で証明してくれたカーネル・サンダースに感謝します。

一九九八年七月

著者　藤本　隆一

文庫版　あとがき

最後の来日となった一九八〇年五月、神奈川県座間市にある相武台店で、カーネルは子どもに囲まれながらポプラの苗木を記念植樹した。

一九九八年、本書の単行本版を刊行した私は、その思い出の地である相武台店にいた。刊行のお礼として数万円分のフライドチキンを購入した。カーネルにあやかり、近隣の児童養護施設に持っていき子どもと一緒に食べた。

当時の代表取締役社長・大河原毅氏にその話をすると「そういうことならこっちで払おう」と言って下さったことを思い出した。

文末になりましたが、文庫化にあたって写真をご提供いただいた元・日本ケンタッキー・フライド・チキン株式会社代表取締役社長・大河原毅氏、快く今回の文庫化をご承認下さった産業能率大学出版部、文芸社の佐々木春樹・編集長、そしてカーネル・サンダースの本を見つけ企画・編集、出版までこぎつけて下さった鵜澤尚高氏、および関係者各位に深く感謝いたします。

最後になりましたが、この本が、これから人生を築こうとしている方、第二・第三の人生を歩もうとしている方の一助になれば幸いです。

二〇一六年一〇月

著者　藤本　隆一

本書は、一九九八年九月、産業能率大学出版部より刊行された単行本『65歳から世界的企業を興した伝説の男　カーネル・サンダース』を大幅に修正し文庫化したものです。

文芸社文庫

カーネル・サンダース

65歳から世界的企業を興した伝説の男

二〇一六年十二月十五日　初版第一刷発行

著　者　藤本隆一
発行者　瓜谷綱延
発行所　株式会社　文芸社
〒一六〇－〇〇二二
東京都新宿区新宿一－一〇－一
電話　〇三－五三六九－三〇六〇（代表）
〇三－五三六九－二二九九（販売）

印刷所　図書印刷株式会社

装幀者　三村淳

ISBN978-4-286-18035-9